해외직구, 10분이면 끝

해외직구, 10분이면 끝

직구팡 편집부·이종혁 공저

팬덤북스

contents

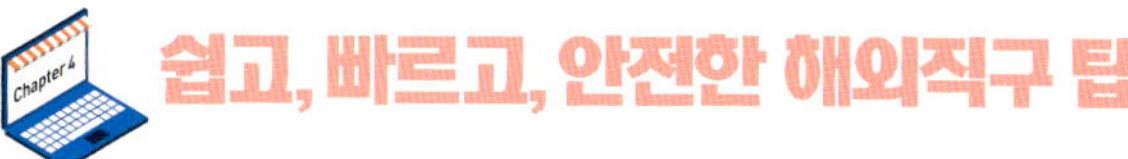

쉽고, 빠르고, 안전한 해외직구 팁

해외직구, 10분이면 충분하다!

'직구팡'에서 제공하는 해외직구 관련 콘텐츠를 구독하는 분들은 대략 30만 명에 이릅니다. 그러다 보니 직구팡에는 고객님들의 다양한 문의가 끊이지 않습니다. 배송대행지를 잘못 지정해서 관세를 내야 하는 경우, 체크카드로 구매 후 취소했는데 취소 금액이 입금되지 않아 걱정하는 경우, 주문 후 며칠 뒤 알 수 없는 금액의 결제 승인 문자가 온 경우, 그 외에도 다양한 문의가 있습니다.

그러면서 해외직구 경험이 많은 사람에게는 당연하고 쉽게 느껴질 수 있는 상황들이 직구 초보자들에게는 어려울 수 있음을 깨닫게 되었습니다. 또한 막연한 두려움으로 아직 해외직구에 도전하지 못한 분들이 많다는 것도 알게 되었습니다.

이 책을 읽는 분들 중 대다수가 해외직구를 아직 해 보지 않았거나 이제 막 도전하려는 분들이시리라 생각됩니다. 《해외직구, 10분이면 끝》에는 그동안 해외직구 관련 콘텐츠를 기획 및 제작하고 수천 건의 고객 문의에 답변하며 생긴 노하우가 담겨 있습니다.

해외직구가 처음인 분들이 가장 궁금해하시는 내용, 해외직구의 기본이 되는 내용들을 모아 누구나 쉽게 해외직구에 도전할 수 있도록 정리했습니다. 해외직구와 관련된 모든 정보를 한 번에 묶기보다는 주된 품목들을 예로 들어 구매할 때 필요한 정보와 요령을 담았습니다. 해외직구 과정을 한눈에 볼 수 있도록 구성하여 해외직구도 국내 온라인 쇼핑만큼이나 간단하고 편리함을 강조했습니다.

해외직구는 어려운 것이 아닙니다. 기존의 방식과 달라 익숙하지 않을 뿐입니다. 어려울 것이라는 편견을 버리고 도전한다면 누구나 쉽게 해외직구로 쇼핑할 수 있습니다.

해외직구를 하다가 잘 모르는 부분이 생겼을 때, 궁금한 점이 있을 때, 그 즉시 펼쳐서 문제를 해결하는 데 이 책이 도움이 되었으면 합니다. 이 책을 통해 해외직구가 국내 온라인 쇼핑처럼 일상의 한 부분이 되어 누구나 쉽게 즐길 수 있었으면 하는 바람입니다.

2015년 가을

직구팡 편집부·이종혁

Chapter 1

돈을 버는 쇼핑, 해외직구

한번 빠지면 헤어 나오기 힘든

해외직구의 매력

    해외직구는 '해외 온라인 쇼핑몰 직접 구매'의 줄임말입니다. 이전에는 해외 브랜드 상품을 구매하려면 수입 업체를 통해 국내에 들어온 상품을 구매해야 했어요. 하지만 요즘은 이런 단계를 건너뛰고 직접 해외 온라인 쇼핑몰에 접속해서 구매한 뒤 국내로 상품을 받는 소비자가 생겼어요. 이런 쇼핑 방식을 쉽게 해외직구라고 부르게 되었답니다.

    흔히 해외직구라고 하면 대충 단어만 들어도 그 과정이 상당히 복잡해 보입니다. 그렇다면 많은 사람들이 이런 복잡하고 어려워 보이는 해외직구 쇼핑을 선택한 이유는 무엇일까요? 국내에 해외직구 열풍이 분 이유는 무엇일까요?

해외직구의 가장 큰 매력은 '저렴한 가격'

　해외의 인기 상품 및 대부분의 브랜드가 국내에 수입되고 있기는 하지만, 복잡한 유통 과정과 수입 업체가 취하는 폭리 등의 이유로 국내에서는 가격이 높게 책정됩니다. 똑같은 상품이어도 해외에서 판매되는 가격보다 국내 판매가가 훨씬 높은 경우도 있어요. 한번 비교해 볼까요?

- 표기한 해외직구 가격은 국제 배송비와 관·부가세를 합한 총 비용입니다.
- 환율은 1달러=1,200원으로 계산했습니다.
- 시중에서 판매되고 있는 상품의 가격은 시기에 따라 차이가 있을 수 있습니다.

T사 플랫 슈즈

　T사는 여성분들 사이에서 인기가 대단한 브랜드 중 하나입니다. 그중에서도 플랫 슈즈는 많은 분들의 사랑을 받고 있는데요. 국내 백화점 판매가는 36만 원에 달하지만 해외직구로는 25만 원 정도면 구매할 수 있습니다. 약 11만 원 정도를 절약할 수 있는 셈이죠.

국내 백화점 판매가 약 36만 원 vs 해외직구가 약 25만 원

G사 토트백

　프랑스 명품 브랜드의 인기 토트백입니다. 연예인 착용으로 더욱 인기가 많아진 이 상품의 경우, 해외 쇼핑몰에서 구매한다면 국내 백화점에서 구매할 때보다 약 30만 원 정도 더 저렴하게 구매할 수 있답니다.

국내 백화점 판매가 약 300만 원 vs 해외직구가 약 270만 원

N사 캡슐 커피 머신

국내 온라인 최저가 약 25
만 원 vs 해외직구가 약 15
만 원

커피를 매일 드시는 분들이라면 집에 캡슐 커피 머신을 구비해 두고 싶다는 생각을 한 번쯤은 해 보셨을 거예요. 하지만 기기 가격과 캡슐 가격이 만만치 않아 구매가 망설여지죠. 그런 분들에게 해외직구는 유용하답니다. N사의 인기 모델은 해외직구로 국내 온라인 최저가보다 약 10만 원 정도 더 저렴하게 구매할 수 있어요.

S사 인덕션

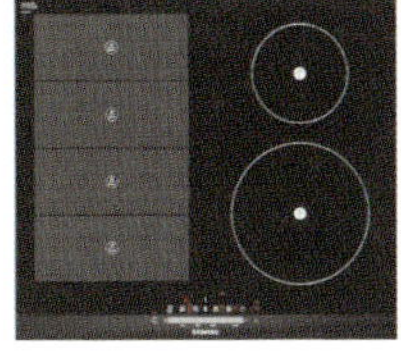

국내 온라인 최저가 약 400
만 원 vs 해외직구가 약 110
만 원

화재 위험도 적고 일산화 탄소 및 유해 가스에서 벗어날 수 있다는 장점 때문에 주부들 사이에서는 다양한 브랜드의 인덕션 제품이 인기를 끌고 있습니다. 그중에서도 독일 S사의 인기는 상당합니다. 문제는 가격인데요, 3구(프리존 1구 + 2구) 모델의 경우 국내 온라인 최저가는 약 400만 원으로 비교적 높은 가격대를 형성하고 있습니다. 독일 아마존에서 동일한 제품을 구매한다면 국제 배송비와 세금을 포함하더라도 약 110만 원에 구매가 가능합니다. 정말 엄청난 가격 차이죠?

그밖에도 유모차, 텔레비전, 컴퓨터 주변 기기, 스포츠 용품 등 해외직구로 구매했을 때 국내보다 저렴하게 구매할 수 있는 상품들은 정말 무궁무진합니다. 소비자 입장에서는 같은 상품일 경우 조금이라도 더 저렴하게 구매하

는 것이 이득일 텐데, 대체로 가격이 높은 상품일수록 국
내 가격과 차이가 많이 난답니다.

상품 선택의 다양성

색상, 사이즈 등의 다양한 옵션!

해외의 다양한 브랜드

  사실, 세계의 모든 브랜드가 국내에 수입되지는 않아
요. 들어온다고 해도 일부 모델이나 특정 사이즈만 수입
되고, 판매처의 재고도 넉넉하지 않아 금세 품절되어 구
하기 어려울 때도 있어요. 해외직구를 하면 이런 고민을
할 필요가 없어요. 원하는 상품을 해외 쇼핑몰에서 직접
주문하면 되니까요.

길이뿐 아니라 발볼까지 선택이 가능하다고?

발볼 크기에 따라 신발을 고를 수 있다

국내에 수입되는 신발들의 경우, 사이즈를 선택할 때 보통 길이를 기준으로 고르게 됩니다. 이런 경우 발볼이 넓은 사람들은 난감합니다. 길이에 맞추면 발볼이 눌려 아프고, 발볼에 맞추면 길이가 남아 만족스러운 사이즈를 택하기가 어렵죠.

해외직구는 이런 사이즈 선택의 고민을 덜어 줍니다. 해외에서는 발볼이 넓은 모델이 나와도 국내에 수입되지 않은 경우가 많은데, 해외직구를 통해 자신에게 꼭 맞는 사이즈의 신발을 구매할 수 있답니다.

체형별 의류 쇼핑

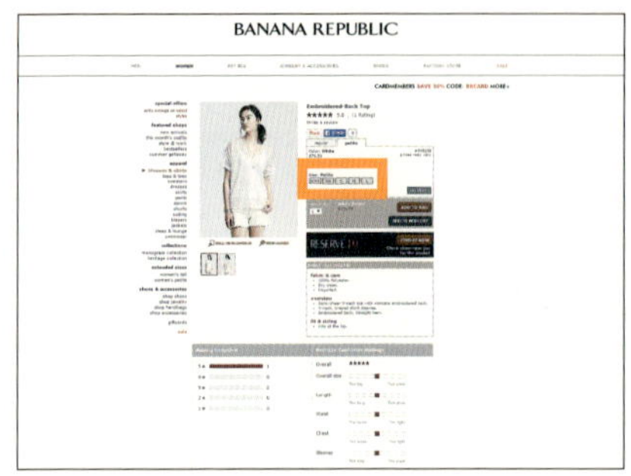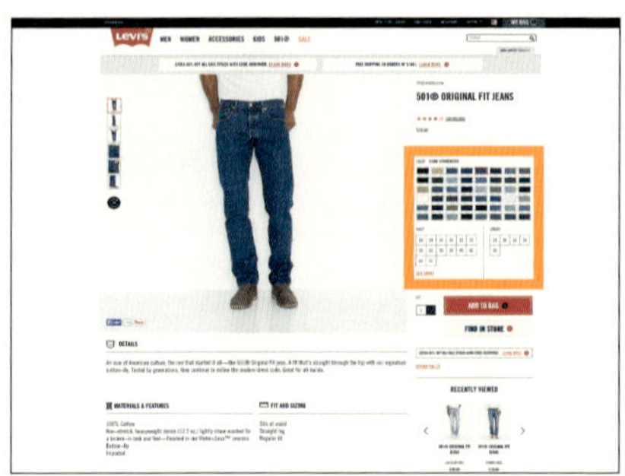

의류 사이즈의 폭도 국내보다 다양하다

의류도 비교적 선택의 폭이 넓습니다. Plus 사이즈(몸집이 큰 사람을 위한 사이즈), Tall 사이즈(키가 큰 사람을 위한 사이즈), Petite(키가 작은 여성을 위한 사이즈) 등 국내에 없는 사이즈도 있답니다. 국내에 수입되지 않는 사이즈와 모델을 구매할 수 있다는 점도 쇼핑의 만족도를 높이는 데 일조합니다.

통신사의 노예에서 해방되다

바꿀 때마다 약정, 위약금, 요금제 등의 문제로 골머리를 앓게 되는 스마트폰. 스마트폰도 해외직구로 구매하면 좋은 점이 많습니다. 우선 기기를 약정 없이 저렴하게 구매할 수 있다는 점이 가장 큰 매력입니다. 그러니 통신사의 노예에서 해방되는 것은 너무도 당연하겠죠. 국내에서는 구매하기 힘든 중국의 최신 스마트폰도 저렴한 가격에 만나 볼 수 있답니다.

약정, 요금 등의 문제에서 비교적 자유로운 해외 스마트폰

해외직구 관련
가장 많이 묻는 질문 10

Q : 국제 배송비가 비싸지 않나요?

A : 배송대행 업체의 배송비는 기본적으로 무게로 책정됩니다. 직구팡 배송대행 서비스의 경우 1파운드(450g)에 9,800원부터 시작해 10파운드(4.5kg)면 28,700원 정도가 됩니다. 대부분의 배송비가 10파운드 미만에서 해결되니, 부피가 엄청나게 큰 제품이 아닌 이상 배송비 폭탄을 맞을 일은 없답니다.

요즘은 한국까지 직배송이 되는 쇼핑몰도 있지만, 대체로 국제 배송비가 비싼 편이어서 대부분의 직구는 배송대행 업체를 통해서 이루어집니다.

• 해외직구의 방법은 크게 직배송, 배송대행, 구매대행으로 나눌 수 있는데, 자세한 내용은 23페이지에 나와 있습니다.

Q : 해외직구로 쇼핑하면 무조건 관세를 내야 하나요?

A : 관세란 국외에서 수입하는 상품에 부과하는 세금을 말합니다. 미국 쇼핑몰의 경우 먹는 것, 바르는 것 외에는 결제 금액이 200달러 이내여야 면세입니다. 그 외에는 쇼핑몰 결제 금액과 국제 배송비를 합한 금액이 15만 원 이하여야 면세입니다.

대부분의 해외직구가 이 면세 범위 안에서 이루어지기 때문에 관세를 생각할 필요가 없어요.

관세를 내는 범위, 즉 비싼 물품들을 샀을 경우에는 품목에 따라 관세율이 정해집니다. 관세율과 부가세를 미리 계산하고 쇼핑한다면 직구에 드는 총 비용을 예상할 수 있겠죠?

* 관·부가세에 대한 자세한 내용은 143페이지에 나와 있습니다.

Q : 보통 배송 기간은 얼마나 걸리나요?

A : 평균적으로는 2주 정도 소요됩니다. 다만, 다양한 변수를 고려하여 넉넉하게 최장 3주로 보면 무방합니다. 해외직구의 배송 기간은 쇼핑몰에서 배송대행지까지의 배송 기간과 배송대행지에서 국내 주소지까지의 국제 배송 기간으로 나누어 볼 수 있어요.

미국의 경우, 기본 배송 옵션을 이용하면 평균 10일 정도 걸립니다. 국제 배송 기간은 보통 4일 정도 소요됩니다. 이보다 빠르게 받으려면 추가로 금액을 지불하는 배송 옵션을 선택하면 됩니다. 그럴 경우 주문에서 배송까지 5일 이면 충분하답니다.

Q : 해외직구는 모두 저렴한가요?

A : 해외직구로 구매한다고 해서 모두 저렴하지는 않아요. 요즘은 해외직구 열풍 때문에 국내 수입사도 상품 가격을 낮추는 추세여서 저가 상품의 경우 국내보다 비싸거나 가격 차이가 크게 나지 않는 경우도 많아요. 해외직구의 경우 제품 가격이 높을수록 국내 가격과 차이가 많이 나는 양상을 보이고 있어요.

<u>해외직구가 특히 유용한 경우는 할인 코드가 나왔을 때예요.</u> 이때 구매하면 평소보다 훨씬 저렴하게 구매할 수 있어요.

Q : 한 켤레에 60달러인 신발을 사고 싶습니다. 총 비용 은 얼마나 들까요?

A : 60달러의 신발은 면세에 적용되는 금액이므로 관·부가세는 걱정할 필요가 없습니다. 미국 내 배송비는 무료인 곳도 많고, 10달러 미만의 실비만 청구하는 쇼핑몰이 대부분이에요.

국제 배송비는 무게로 책정되는데, 신발 한 켤레 정도면 넉넉잡아 약 3파운드(1.36kg) 정도 됩니다. 배송대행지 O사 기준으로 약 1만 3천 원의 비용이 듭니다. 여기서 환율을 1,200원이라고 계산하면, 신발 구매에 드는 총 비용은 한화로 약 8만 5천 원 정도가 됩니다.(미국 내 배송비가 무료인 쇼핑몰에서 구매하고, 전 품목 소비세 면세 지역인 델라웨어로 상품을 보냈을 경우)

Q : 상품이 파손돼서 오면 어떻게 해요?

A : 해외직구의 경우 상품이 파손될 수 있는 구간은 크게 두 곳으로 볼 수 있습니다. 쇼핑몰에서 배송대행지로 이동할 때, 배송대행지에서 국내 배송지로 이동할 때입니다.

만약, 쇼핑몰에서 배송대행지로 오는 동안 파손되었다면 배송대행 업체에서 재포장 전에 검사를 해서 소비자에게 이 사실을 알립니다.(사진을 찍어서 보내 주기도 합니다.) 그러면 해당 쇼핑몰과 라이브 채팅, 이메일, 전화 등을 통해 반품이나 교환, 재발송, 환불 등으로 문제를 해결할 수 있습니다. 반송이 필요하다면 배송대행 업체를 통해 할 수도 있습니다. 이렇듯 해외직구도 국내의 온라인 쇼핑과 크게 다르지 않습니다. 다만, 그 작업을 본인이 아닌 배송대행 업체가 대신할 뿐입니다.

배송대행지에서 국내 배송지로 오는 과정에서 파손되었다고 해도 크게 걱정할 필요는 없어요. 대부분의 배송대행 업체가 300달러 이하의 상품이 파손, 분실될 경우 보장받을 수 있는 보험을 들기 때문이죠. 만약 그 이상의 고가 상품이라면 개인이 별도로 보험에 가입하면 됩니다.

Q : 해외에서 구매하면 교환이나 환불이 어렵지 않나요?

A : 해외 쇼핑몰들은 교환이나 환불을 잘해 주는 편이에요. 교환·환불을 현지에 있는 배송대행지에서 처리한다면 국내에서 하는 것처럼 쉽게 할 수 있어요.

국내로 배송이 완료된 경우라면 국제 반송비가 많이 들어 교환이나 환불이 비효율적이에요. 국내로 이미 들어온 물건이라면 그냥 쓰거나 중고 거래로 되파는 것이 나을 수 있습니다.

Q : 해외직구로 구매한 전자 제품을 한국에서도 사용할 수 있나요?

A : 미국의 경우 우리와 전압이 달라서 110볼트 전용인 상품들이 많아요. 그래서 전자 제품을 살 때는 프리 볼트* 제품인지 반드시 확인하고 구매해야 합니다.

유럽의 경우 전압이 같아서 대부분 국내에서 문제없이 사용할 수 있어요. 참고로 전자 제품을 수입할 때는 '전파인증'을 받아야 하는데, 개인의 경우 1인당 같은 모델 1개까지는 전파인증이 면제입니다.

• 프리 볼트Free Volt란?
110볼트, 220볼트 어느 전압이든 전압에 맞는 플러그 어댑터(일명 돼지코)만 꽂아 연결하면 문제없이 사용이 가능한 전자 제품을 말합니다.

Q : 해외직구로 구매한 전자 제품도 A/S가 되나요?

A : A/S 정책은 브랜드마다 달라요. 삼성이나 LG처럼

월드 워런티World Warranty(전 세계에서 품질을 보증함)가 적용되는 상품이라면 국내에서 구매한 것과 거의 동일하게 서비스를 받을 수 있어요.

하지만 대부분의 브랜드들이 국내에서 정식 수입한 제품이 아니면 정책상 A/S를 해 주지 않습니다. 그러니 소비자 입장에서는 A/S를 받기 힘들죠. 이런 경우 비용이 조금 더 들더라도 사설 수리 업체를 이용하면 돼요. 사설 수리 업체조차 없다면 문제 발생을 대비해 하나 더 구매해도 국내 가격보다 저렴한지 따져 봐야 합니다.

Q : 구매대행이나 배송대행 업체가 많은데, 아무 곳이나 이용해도 괜찮을까요?

A : 해외직구의 인기가 높아지면서 구매대행과 배송대행 업체가 우후죽순으로 생기고 있어요. 탄탄한 기반을 가진 업체도 많지만, 진입 장벽이 높지 않은 사업인 만큼 주먹구구식으로 운영하는 업체도 있습니다. 쇼핑의 즐거움과 만족, 안전을 위해서라면 이용 전에 신뢰할 수 있는 업체인지 꼼꼼하게 잘 알아보아야 합니다.

1.3 해외직구 방법의 종류

직배송

주문하면 현지 쇼핑몰에서 한국까지 바로 배송해 주는 방법을 말합니다. 절차가 복잡하지 않다는 장점이 있지만, 한국까지 배송해 주는 업체가 많지 않다는 것이 단점입니다. 업체가 있어도 대부분 배송비가 비싸서 구매가 망설여집니다.

요즘은 해외직구 이용객의 증가 추세에 발맞추어 저렴한 배송비 서비스를 제공하는 해외 쇼핑몰들이 늘어나고 있어요.

• 직배송에 유리한 해외직구 쇼핑몰은 Chapter 3에 자세하게 나와 있습니다.

배송대행

해외 쇼핑몰에서 주문한 상품을 해당 국가의 물류 센터(배송대행지)가 있는 배송대행 업체가 대신 받은 후, 최종 배송지(한국)로 보내 주는 것을 말합니다.(배송대행 업체의 역할과 이용 방법에 대해서는 Chapter 2에서 자세하게 다루어집니다.)

구매대행

사고자 하는 해외 쇼핑몰의 상품을 업체가 대신 구매해 주는 방식을 말합니다. 한마디로 구매대행 업체에 구매를 위탁하는 방식이죠. 구매를 위탁하면 업체는 수수료를 받고 모든 절차를 처리해 줍니다.

최근 수수료가 없는 구매대행 업체들이 생기고 있지만, 배송비가 다른 곳에 비해 높게 책정된 경우가 있으니 정확한 가격 비교 후 이용해야 합니다.

세 가지 방법 모두 각각의 특징과 장단점이 있기 때문에 상황에 따라 방법을 달리할 수 있습니다.

직배송의 경우는 배송비가 비싸고, 구매대행의 경우는 수수료가 들어서 대부분은 배송대행을 이용하여 해외직구를 합니다. 책에서 다루어질 내용도 주로 배송대행 업체의 이용 방법이랍니다.

해외직구,
10분이면 끝

Chapter 2

해외직구 쇼핑,
10분이면 충분하다

해외직구 '이것'만 알면
누구나 할 수 있다

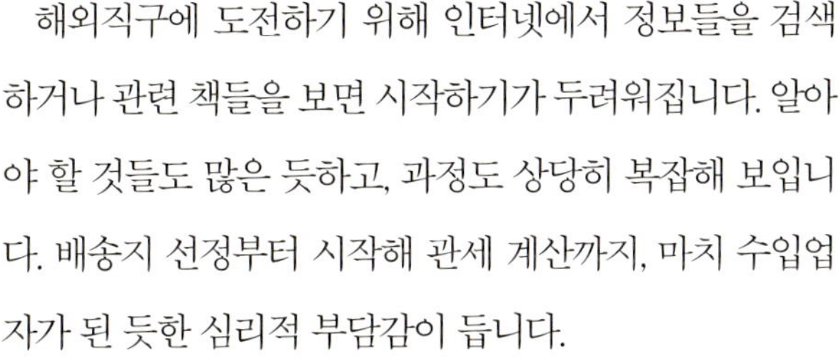

해외직구에 도전하기 위해 인터넷에서 정보들을 검색하거나 관련 책들을 보면 시작하기가 두려워집니다. 알아야 할 것들도 많은 듯하고, 과정도 상당히 복잡해 보입니다. 배송지 선정부터 시작해 관세 계산까지, 마치 수입업자가 된 듯한 심리적 부담감이 듭니다.

실제로 해외직구를 할 때 그런 모든 정보가 필요하지는 않아요. 책에 나온 순서를 그대로 따라 하기만 하면 준비물 준비부터, 즐거운 쇼핑, 배송대행 신청서 작성까지 10분 안에 모두 마칠 수 있답니다. 그럼, 본격적으로 해외직구 쇼핑을 시작해 볼까요?

해외직구에 필요한 준비물은 딱 세 가지입니다.

① 해외 결제가 가능한 신용카드 및 체크카드

국내에서 이용 가능한 신용카드, 체크카드를 해외에서도 동일하게 쓸 수 있는 것은 아니랍니다. 해외 온라인 쇼핑몰에서 결제할 때는 '해외 결제가 가능한 카드'를 사용해야 합니다. 그렇다면

해외 결제가 가능한 카드

해외 결제가 가능한 카드인지는 어떻게 알 수 있을까요?

소지한 카드의 오른쪽 하단을 보면 알 수 있습니다. 'VISA', 'MASTER' 등의 로고가 있으면 해외 결제가 가능한 카드입니다.

해외 사용 정지를 신청했다면 해제 후 이용이 가능합니다. 해외직구 이용자가 늘면서 해외직구 시 혜택을 주는 카드도 있으니 이용에 참고하세요.

> 🔍 **해외직구 스마트 팁**
>
> 체크카드의 경우 환불, 취소 등이 복잡하고 처리 기간이 길어서 불편하므로 신용카드를 이용하는 것이 해외직구에서는 더 편리합니다.

② 개인통관고유부호 발급

관세청 개인통관고유부호 발급 화면

개인통관고유부호는 통관 시 사용하는 개인 번호를 의미해요. 2014년 중순부터 개인정보보호법에 따라 통관용으로 사용되던 주민등록번호 수집이 전면 금지됨에 따라 해외직구 시 개인통관고유부호는 필수 사항이 되었답니다.

발급 방법은 간단합니다. 관세청 개인통관고유부호 사이트(https://p.customs.go.kr)에 접속해 본인 실명의 공인인증서를 이용해서 발급받으면 돼요. 발급받기가 어렵다면 관세청에 문의해 보세요. 구두 설명 및 원격 지원 등으로 발급에 도움을 받을 수 있어요.

💻 **QR 코드**

QR코드에 접속하면 개인통관고유부호 발급 방법에 대한 자세한 내용을 볼 수 있습니다.

③ 배송대행 업체 가입

배송대행 업체 서비스를 이용하려면 우선 가입부터 해야겠죠? 마음에 드는 업체를 선택한 후 가입하세요.

| 배송대행 업체가 너무 많아 고르기 어렵다고요? |

30만 명의 구독자가 있는 해외직구 전문채널 직구팡에서 운영하는 배송대행 업체를 이용해 보세요.

· **직구팡 배송대행 주소** : http://www.pangbox.com

QR 코드

QR코드에 접속하면 직구팡 배송대행 사이트로 이동합니다.

뉴저지 센터 (NJ)	델라웨어 센터 (DE)
Address 1 200 Gates Road, STE H	412 E Ayre st, STE 88
Address 2 #PANG999999	#PANG999999
City Little Ferry	Wilmington
State NJ	DE
Zip 07643	19804
Phone 201-	201-
각 항목 클릭시 주소가 복사됩니다.	ㅣ 주소 사용방법 >

가상의 해외 주소 예시

　배송대행 업체에 가입하면 위와 같이 본인의 가상 해외 주소가 부여됩니다. 이것이 바로 배송대행 업체의 큰 역할입니다. 위의 이미지는 직구팡 배송대행 업체에 가입했을 때 부여된 미국 뉴저지와 델라웨어의 주소지입니다.

　'Address2'에 있는 '#PANG999999'가 본인의 고유 사서

함 번호예요. 배송대행 업체에서는 이 사서함 번호를 통해
개개인을 구분합니다.

STEP 2. 본격적인 해외 쇼핑몰 탐색

　대부분의 해외 쇼핑몰이 다음과 같은 과정을 거쳐서 주
문이 진행돼요. 해외 쇼핑몰과 국내 쇼핑몰의 가장 큰 차
이는 바로 '간편함'입니다.

　국내 쇼핑몰들은 '액티브X'와 같은 복잡한 설치도 해야
하고, 결제 시 보안 프로그램을 설치하다 오류라도 나면
처음으로 돌아가서 해야 하는 번거로움이 있죠. 하지만 해
외 쇼핑몰은 회원 가입도 로그인 정보만 묻고 끝, 결제도
결제 수단 정보만 묻고 끝, 절차가 국내 쇼핑몰과는 비교
도 안 되게 간단해요. 그렇기 때문에 오히려 나중에는 해
외직구가 더 편하게 느껴질 정도랍니다.

　다음은 대표적인 해외 쇼핑몰, 미국의 '아마존'에서 쇼
핑하는 방법입니다. 회원 가입 절차부터 배송지 입력, 결
제하기, 배송대행 업체 이용 등 해외직구에 필요한 모든
과정을 자세하게 설명하였습니다.

① 가입하기

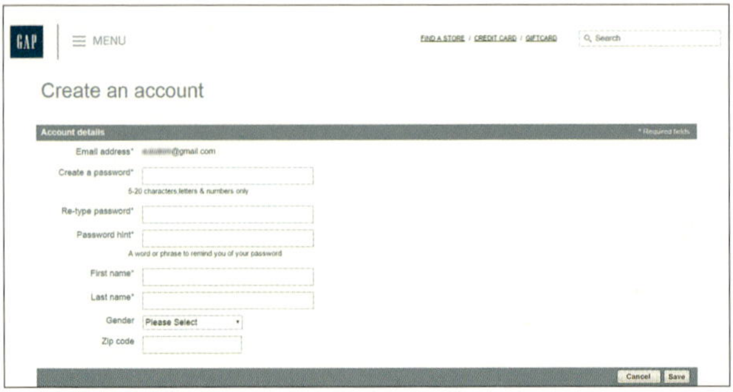

회원 정보를 요구하는 경우

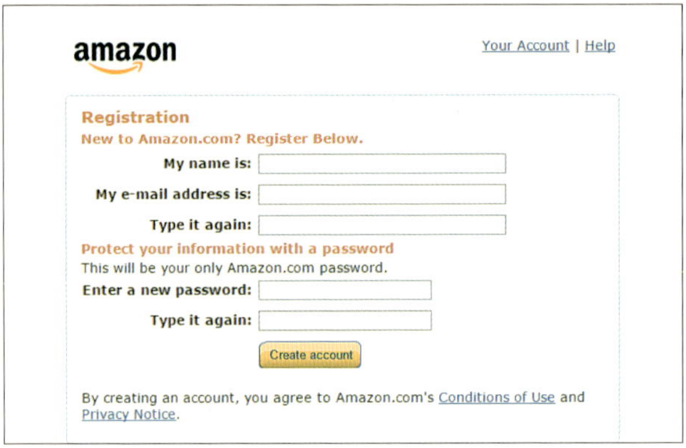

로그인 정보만 요구하는 경우

　몇몇 쇼핑몰에서 가입 시 이름이나 배송지 정보를 요구하는 경우가 있지만, 대부분은 이름과 로그인 시 사용할 이메일 주소와 비밀번호만 입력하면 쇼핑몰 가입이 완료됩니다.

② 상품 고르고 장바구니에 담기

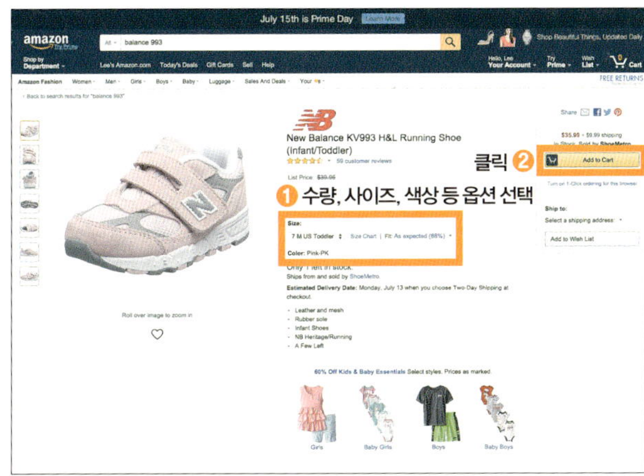

원하는 상품 페이지에서 수량, 사이즈, 색상 등의 옵션을 선택 한 후 'ADD TO CART'를 클릭해서 장바구니에 담아 요. 이 부분은 국내 쇼핑몰과 큰 차이가 없어요.

③ 장바구니 확인하기

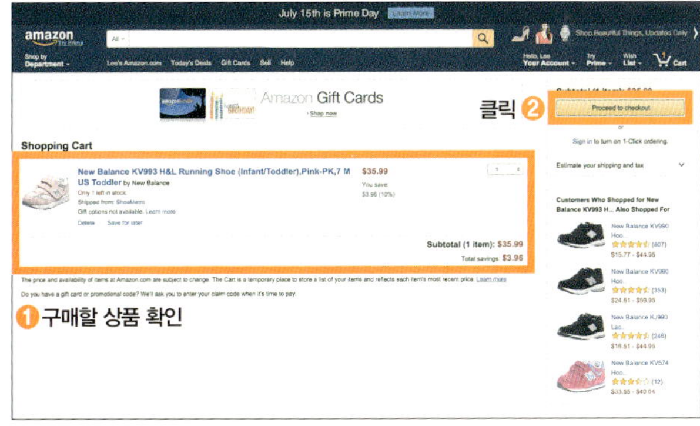

장바구니에 구매할 상품을 모두 담았다면 장바구니로 이동합니다. 장바구니에 구매할 상품들이 잘 담겼는지 확인해요. 이 단계에서 할인 코드를 입력하는 쇼핑몰도 있어요. 대부분은 'Checkout' 버튼을 클릭해서 결제 단계로 넘어가요.

④ 배송지 주소와 빌링 주소

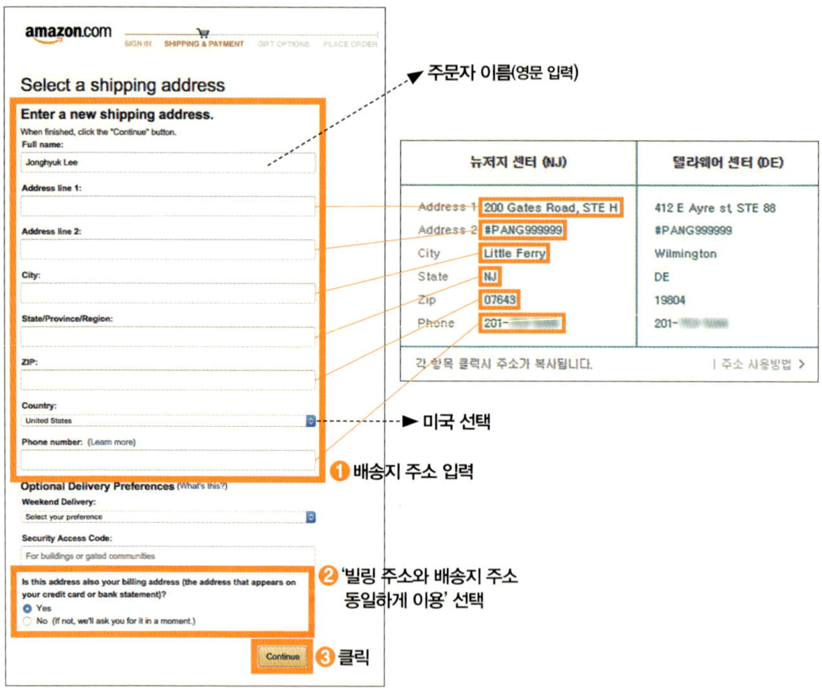

다음은 배송지를 입력해야 합니다. 미리 가입한 배송대행 업체에서 받은 개인 주소를 입력합니다. 대부분의 쇼핑몰에 배송지 주소Shipping Address와 빌링 주소Billing Address가 동일한지 체크하는 부분이 있는데, 이 부분을 동일하다고 선택하면 결제가 원활하게 이루어집니다.(여기서 빌링 주소는 '카드 청구지 주소'를 말합니다)

모두 입력하였으면 'Continue' 버튼을 클릭해 다음 단계로 넘어갑니다.

⑤ 배송 옵션 선택하기

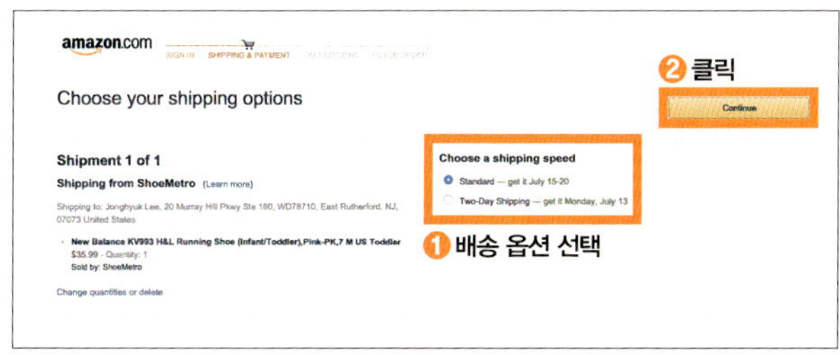

쇼핑몰에서 배송대행지까지 배송 옵션을 선택할 수 있는데, 배송 기간이 짧을수록 비용이 많이 들어요. 대부분은 일정 금액 이상 구매 시 무료인 경우가 많아요.

배송 옵션을 선택한 후 'Continue' 버튼을 클릭해 다음 단계로 넘어갑니다.

⑥ 카드 정보 입력하기

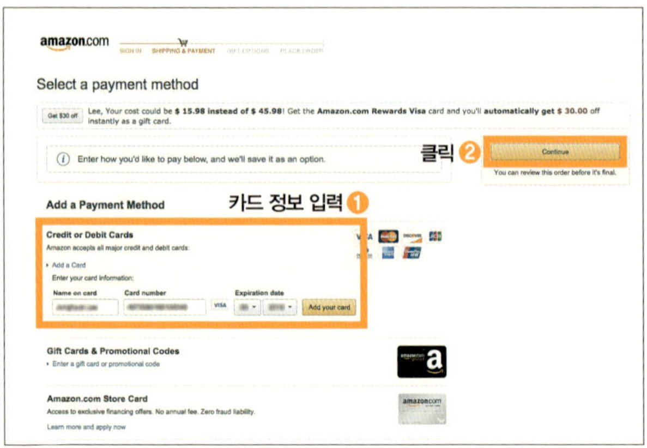

결제에 사용할 카드 정보를 입력합니다.(일부 쇼핑몰에서
는 결제 통화를 선택할 수 있는데, 이때 해당 국가 통화를 선택해야 이
중 환전으로 인한 수수료가 발생하지 않아요.) 카드 정보를 입력
한 후 'Continue' 버튼을 클릭해 다음 단계로 넘어갑니다.

⑦ 최종 확인 후 주문하기

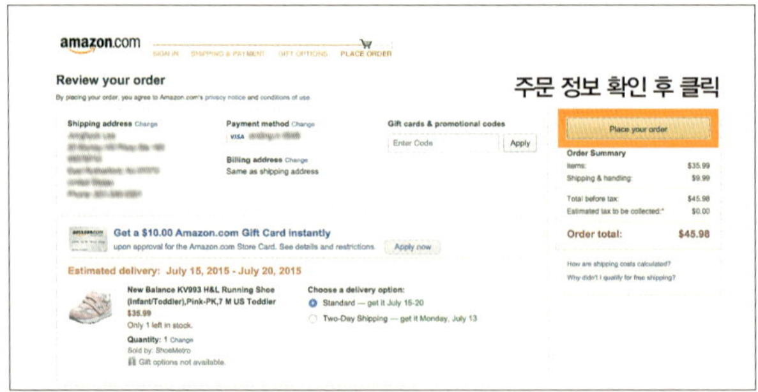

지금까지 입력한 모든 정보를 확인한 후, 'Place order'나 'Submit order' 버튼을 클릭하면 주문 결제가 완료됩니다.

여기서 잠깐! 다음 단계(배송대행 신청서 작성)에서 주문 내역에 뜬 내용을 입력해야 하므로 인터넷 창을 끄지 마세요.

STEP 3. 배송대행 업체 이용하기

결제를 마쳤다면 배송대행 업체 홈페이지에 접속합니다. 여기서는 주문 번호, 주문 상세 정보, 배송 정보, 개인 통관고유부호 등을 배송대행 신청서 양식에 맞게 그대로 입력하기만 하면 됩니다.

① 주의 사항에 동의 후 물류센터(배송대행지)선택

아래는 직구팡 배송대행 업체를 예로 들었어요.(배송대행 신청서 작성 방법은 순서의 차이만 있을 뿐 대부분 비슷해요.)

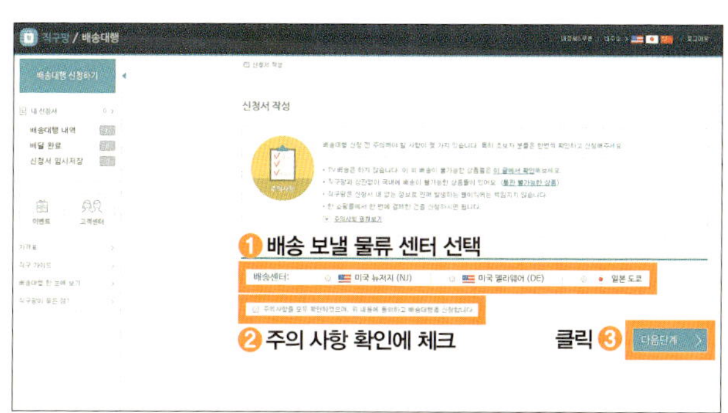

'배송대행 신청하기', '배송대행 신청서 작성' 등의 버튼

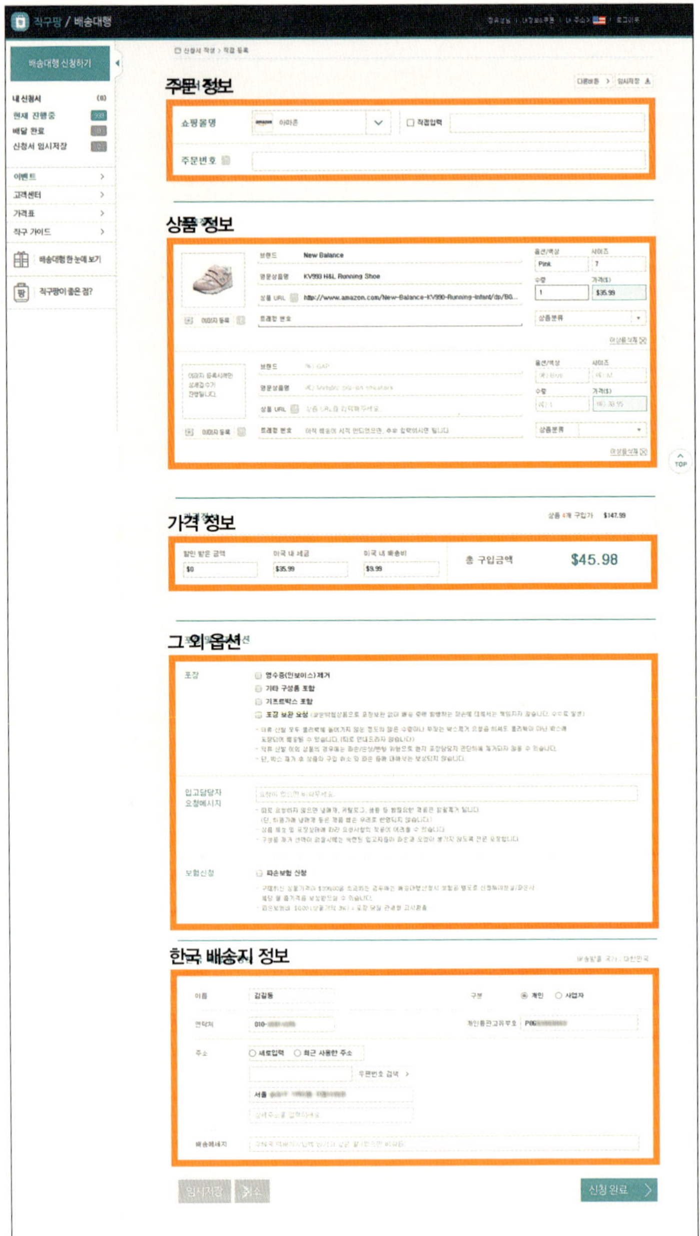
직구팡 / 배송대행
신청서 작성 > 직결 등록
주문 정보
대량배송   임시저장
쇼핑몰명   amazon 아마존   직접입력
주문번호
상품 정보
브랜드   New Balance
영문상품명   KV990 H&L Running Shoe
상품 URL   http://www.amazon.com/New-Balance-KV990-Running-Infant/dp/BG...
트래킹 번호
옵션/색상   Pink   사이즈   7
수량   1   가격($) $35.99
상품분류
이미지 등록
배송대행 신청하기
내 신청서   (0)
현재 진행중
배달 완료
신청서 임시저장
이벤트
고객센터
가격표
직구 가이드
배송대행 한 눈에 보기
직구팡이 좋은 점?
가격 정보
상품 4개 구입가 $147.99
할인 받은 금액 $0   미국 내 세금 $35.99   미국 내 배송비 $9.99
총 구입금액 $45.98
그 외 옵션
포장
영수증(인보이스) 제거
기타 구성품 포함
기프트박스 포함
포장 보관 요청
입고담당자 요청메시지
보험신청
파손보험 신청
한국 배송지 정보
배송받을 국가 : 대한민국
이름   김길동   구분   개인   사업자
연락처   010-
주소   새로입력   최근 사용한 주소
우편번호 검색
서울
배송메세지
임시저장   취소   신청완료

을 누르면 39페이지와 같은 화면이 나올 거예요. 배송 보낼 물류 센터(배송대행지)를 선택하고 주의 사항 및 약관 등에 동의한 후 다음 단계로 넘어갑니다.

② 주문 정보 입력

- 쇼핑몰명 : 구매한 쇼핑몰을 선택하거나 직접 입력에 체크하고 URL을 적으면 돼요.
- 주문 번호 : 주문 번호는 'Order Number', 'Order #', 'Order ID' 등으로 다양하게 표시되며 숫자 혹은 알파벳이 섞여 있습니다. 이 번호는 쇼핑몰 주문 내역이나 주문 완료 이메일에서 확인한 후 입력해야 합니다.

③ 상품 정보 입력

- 주문을 마치고 끄지 않은 인터넷 창을 참고해서 그대로 입력하면 됩니다.
- 이미지 등록 : 상품 이미지를 직접 첨부하거나 이미지 URL을 입력하면 돼요. 이미지 URL 입력 시 주문 내역의 상품 이미지를 마우스로 오른쪽 클릭한 뒤, URL 복사 후 '붙여넣기'합니다.(크롬 사용 시 : 이미지 URL 복사, 익스플로러 사용 시 : 복사)
- 브랜드 : 상품의 브랜드 명을 적습니다.
- 영문 상품명 : 상품명 그대로 복사해서 적습니다.
- 상품 URL : 해당 상품의 URL을 그대로 복사해서 적습니다.

- 트래킹 번호 : 쇼핑몰에서 상품 발송 후 나오는 배송 번호예요. 배송이 시작되면 나오는 번호이므로 일단 비워 둡니다.
- 옵션/색상 : 의류나 신발의 경우 색상을 적습니다.
- 사이즈 : 의류나 신발의 경우 사이즈를 적습니다.
- 수량 : 주문한 상품의 개수에 맞게 선택합니다.
- 가격 : 할인받기 전의 판매가를 적습니다.
- 상품 분류 : 주문한 상품의 품목을 선택하세요.

④ 가격 정보 입력

- 주문 금액에 대한 내용을 입력합니다. 여기서 핵심은 <u>총 금액이 쇼핑몰 주문 내역의 최종 결제 금액과 동일</u>해야 한다는 점입니다.
- 할인받은 금액 : 할인 코드나 프로모션 등으로 할인받은 금액을 적습니다.
- 미국 내 세금 : 쇼핑몰 결제 시 발생한 금액이 있다면 적습니다.
- 미국 내 배송비 : 쇼핑몰에서 결제한 배송비를 적습니다.

⑤ 그 외 옵션 선택

- 폴리백 포장 : 종이 박스가 아닌 폴리백으로 포장하는 것으로, 부피를 줄여 배송비를 절감할 수 있습니다.
- 신발 박스 제거 : 신발 박스를 제거하면 부피가 줄어들

어 배송비를 절감할 수 있습니다.

- 포장 보완 요청 : 파손 위험이 있는 상품의 경우 안심하고 받을 수 있는 포장을 추가할 수 있습니다.
- 보험 신청 : 300달러를 초과하는 상품의 경우, 별도로 신청해야 보험 혜택을 받을 수 있습니다.(이 부분은 업체마다 다를 수 있습니다.)

그 외에 다른 옵션은 필요에 따라 선택하면 됩니다.

⑥ 한국 배송지 정보 입력

- 국내 최종 배송지와 수령인 정보를 입력하는 단계입니다. 국내 쇼핑몰에서 배송지 정보를 입력하는 것과 유사합니다. 차이가 있다면 개인통관고유부호를 입력해야 한다는 정도입니다.
  (상품에 따라서 개인통관고유부호를 묻지 않을 수도 있어요. 그런 경우 입력 없이 넘어가면 됩니다.)
- 이제 신청 완료 버튼을 클릭하면 배송대행 신청이 완료됩니다.

⑦ (2~3일 후) 트래킹 번호 넣기

트래킹 번호 예시

트래킹 번호는 택배사의 운송장 번호입니다. 국내와 마

찬가지로 주문 후 바로 나오지 않아요. 보통은 배송이 시

작된 후에 나오는데, 2~3일 뒤에 이메일로 알려 주거나 주
문 내역에 표시됩니다.

‘Tracking Number’, ‘Tracking #’, ‘Tracking ID’, ‘Ship-
ping Number’ 등의 이름으로 숫자 혹은 알파벳이 섞여
서 표시됩니다.

트래킹 번호 확인 후, 배송대행 신청 접수 내역으로 가
서 해당 배송 건의 신청서 수정을 통해 트래킹 번호를 입
력합니다.

⑧ (상품 도착 후) 국제 배송비 결제하기

배송대행지(배송대행 업체 물류 창고)에 상품이 도착하면 업
체에서 상품의 중량과 무게를 실측하여 국제 배송비를 책
정합니다. 그 후 이메일이나 문자 메시지 등을 통해 배송
비 결제에 대한 안내가 이루어집니다. 안내를 받으면 배
송대행 업체 홈페이지에 접속해서 결제만 하면 됩니다.

국제 배송비 결제까지 모두 마쳤다면 이제 남은 일은 택
배 기사님을 기다리는 일뿐이랍니다.

Chapter 3

사례로 배우는 해외직구 노하우

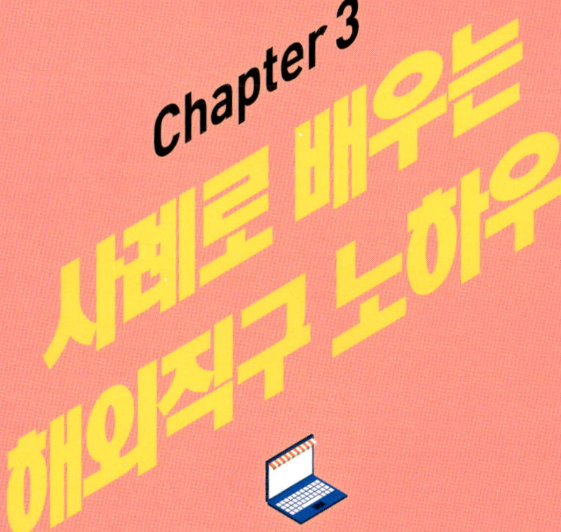

의류·신발 면세 범위로

직구하기

　의류·신발은 전체 해외직구 중에서 30퍼센트를 차지할 정도로 활발한 구매가 이루어지는 품목 중 하나입니다. 사람들이 의류·신발의 해외직구를 선호하는 이유는 크게 두 가지입니다. 국제 배송비를 내더라도 국내보다 싸고, 국내에 없는 브랜드·제품을 쉽게 구할 수 있기 때문입니다. 의류와 신발은 해외직구의 기본이라고 할 수 있을 만큼 쉽고 간단해요. 그럼 본격적으로 직구의 가장 기본 단계인 '면세 혜택을 누리며 쇼핑'하는 방법에 대해 알아볼까요?

의류·신발 해외직구 팁

a. 사이즈 선택 방법

의류나 신발의 경우, 국내에 매장이 있다면 직접 입어 보고 구매하는 것이 가장 좋습니다. 소재에 따라 실제 사이즈가 다르게 느껴지기도 하고 상품마다 실측 느낌이 다를 수 있거든요.

그럴 수 없는 여건이라면 구매 후기를 검색하여 참고하는 것도 좋은 방법입니다.(해외 의류·신발 사이즈에 대한 자세한 내용은 159페이지에 나와 있는 해외 신발·의류 사이즈 표를 참고하세요.)

b. 미국 내 소비세Sales Tax 면제받기

배송대행 업체에 가입하면 여러 지역의 배송대행지 주

소를 줍니다. 그러면 그중에서 뉴저지(NJ)나 델라웨어(DE), 오리건(OR)의 주소를 사용하세요.

뉴저지의 경우 의류·신발에 한하여 미국 내 소비세가 면제됩니다. 델라웨어, 오리건의 경우 전 품목에 대해 미국 내 소비세가 면제됩니다.

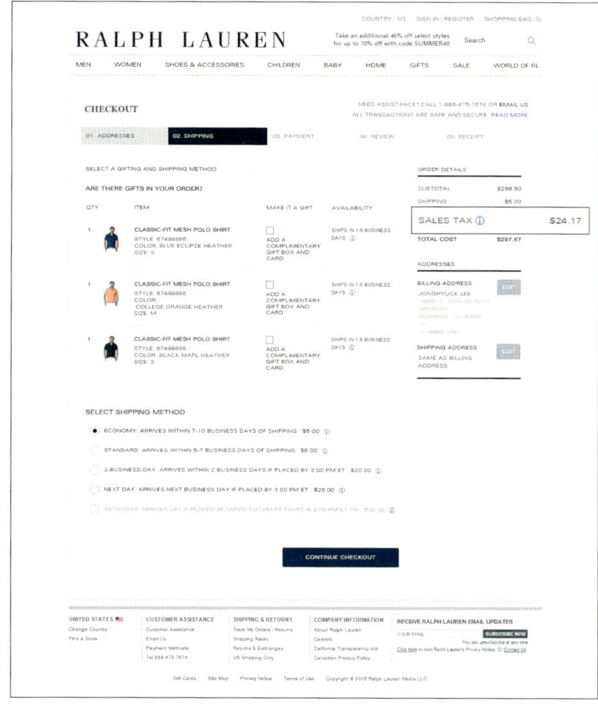

배송대행지 주소를 캘리포니아로 했을 때

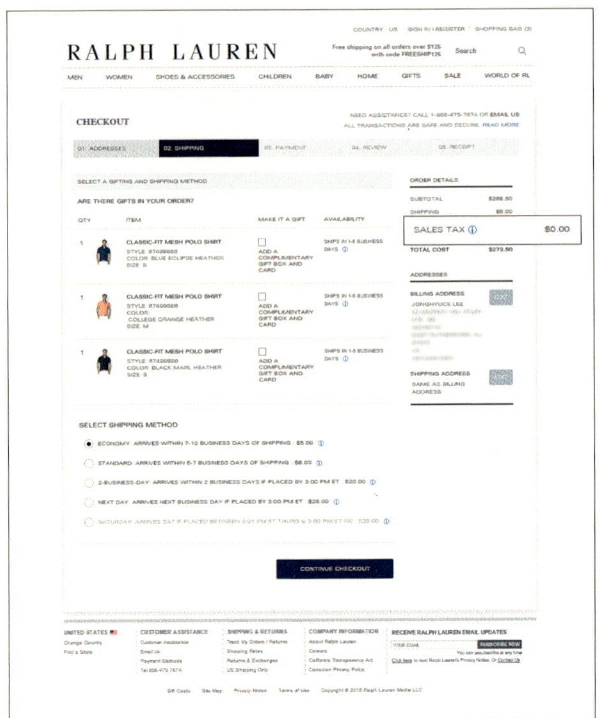

배송대행지 주소를 뉴저지로 했을 때

위의 이미지는 동일 상품을 캘리포니아 배송지로 보냈을 때와 뉴저지로 보냈을 때의 세금 차이를 보여 줍니다.

c. 국내 온라인 쇼핑과 다른 할인 코드 문화

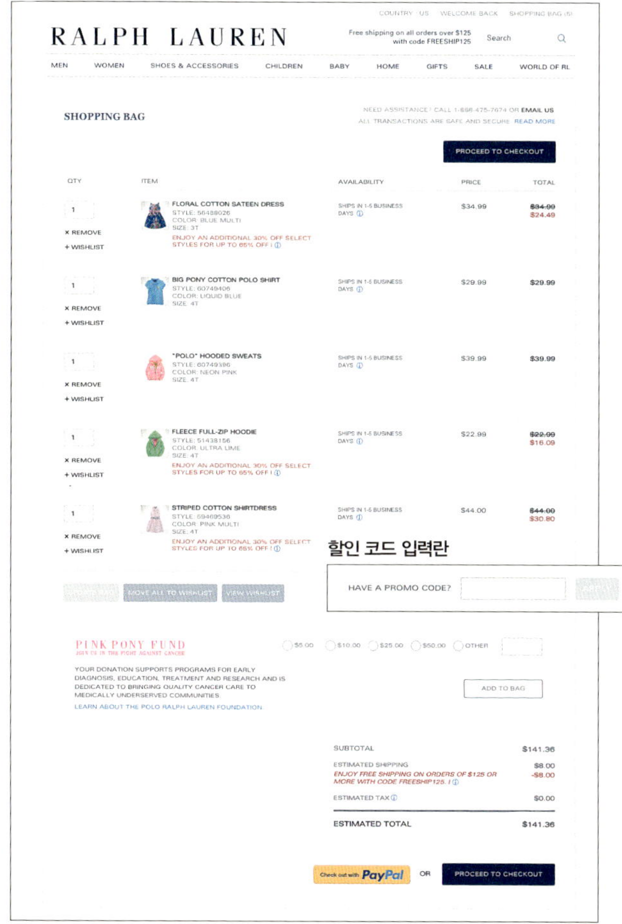

해외 쇼핑몰 할인 코드

　　국내 온라인 쇼핑몰의 경우, 할인 행사 기간에 상품을 구매하면 대개 자동으로 세일 가격이 적용됩니다. 해외 쇼핑몰도 이런 방식이 있기는 하지만, 주로 할인 코드 문화가 발달되어 있습니다. 할인 코드가 있다면 결제 단계에서 반드시 입력해야 할인된 가격으로 상품을 구매할 수 있습니다.

할인 코드를 얻는 방식은 다양합니다. 쇼핑몰 메인 페이지에 공지되거나 가입 시 구독 신청한 메일로도 받을 수 있습니다. 해외 핫딜 정보를 제공하는 블로그나 해외 쇼핑몰의 할인 정보를 제공하는 사이트 등을 통해서도 얻을 수 있습니다.

구매 전에 해당 쇼핑몰의 할인 코드 정보를 미리 확인해 두면 아무래도 도움이 되겠죠?(할인 코드에 대한 자세한 내용은 151페이지에 나와 있습니다.)

📖 QR 코드

QR코드에 접속하면 직구팡에서 제공하는 오늘의 해외 핫딜 정보를 한눈에 볼 수 있습니다.

d. 박스 제거 옵션

대부분의 배송대행 업체에서 박스 제거 옵션을 제공해요. 의류나 신발 등 포장 부피가 큰 상품의 경우, 박스를 제거해 부피를 줄여 배송비를 절감할 수 있어요. 박스가 제거되면 폴리백이나 작은 상자 등으로 재포장되어 배송돼요.

재포장 되어 온 상품들

위 사진은 W사에서 신발 박스 제거 옵션을 선택한 후 받은 상품이에요. 제품을 에어캡으로 싼 후 폴리백에 담아 보내 왔네요.

e. 묶음 배송

배송대행 업체의 배송비는 아무래도 따로 받는 것보다는 함께 받는 편이 더 저렴해요. 배송비를 더 절감하고 싶거나 한 번에 받기를 원한다면 '묶음 배송 옵션'을 이용하면 됩니다.

업체에 따라 묶음 배송, 합배송 등의 명칭을 사용하는데 합할 수 있는 주문 건의 개수는 업체마다 다르니 확인한 후 이용해야 합니다.

'폴로 랄프로렌' 미국 공식 쇼핑몰 직구하기

그렇다면 위의 팁을 바탕으로 본격적인 쇼핑을 해 볼

까요? 이 장에서는 폴로 랄프로렌의 미국 공식 쇼핑몰에 서 의류를 구입하는 방법에 대해 자세히 알아보겠습니다.

폴로 랄프로렌은 가격 면에서도 국내와 해외의 차이가 크고, 다양한 종류의 상품과 사이즈 때문에 해외직구로 많이들 구매해요.

🔍 폴로 랄프로렌 쇼핑 팁

- 기념일보다는 계절상품을 정리할 때 세일의 폭이 큽니다. 이 때, 세일 상품에 추가 할인이 되는 경우가 많아 정말 저렴한 가격에 구매할 수도 있답니다.

- 세일 상품의 경우 재고가 들쑥날쑥하니 사이즈가 있을 때 바로 구매하는 것을 추천합니다.

- 인터넷 브라우저는 익스플로러보다 크롬을 추천해요. 크롬을 사용하면 중간에 사이트가 멈추거나 할인 코드 입력이 되지 않는 오류를 막을 수 있어요.

- 결제는 되었는데 주문 내역이 뜨지 않는 경우가 간혹 있어요. 여러 이유가 있지만, 가장 흔한 예가 자동 로그아웃 기능 때 문이에요. 사이트에 로그인한 후 일정 시간이 지나면 자동으로 로그아웃되는데, 이런 상태에서 주문하게 되면 비회원으로 주문한 것이 됩니다. 이런 경우, 주문 시 입력한 이메일로 주문 메일이 왔는지 확인해 보세요. 주문 메일이 오지 않았다면 폴로에 이메일을 통해 결제 정보를 보내서 주문 번호를 받으면 됩니다.
이런 번거로움을 피하려면 결제 후 주문 번호를 적어 두는 것이 좋습니다. 주문 번호가 있어야 일이 잘못됐을 때 해당 쇼핑몰에 문의할 수 있다는 점, 잊지 마세요!

① 상품 고르고 장바구니에 담기

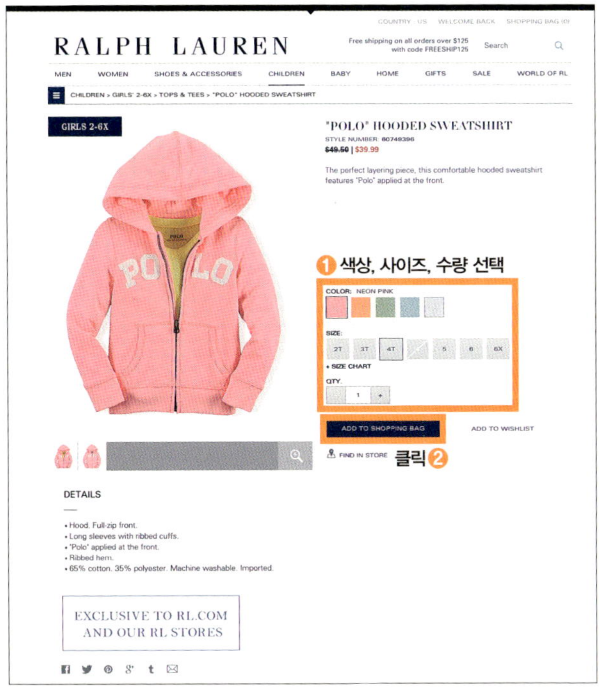

회원 가입 후 원하는 상품을 클릭해서 상품 상세 페이지로 이동합니다. 여기서 색상, 사이즈, 수량을 선택해요. 선택을 마쳤으면 'ADD TO SHOPPING BAG'을 클릭해요.

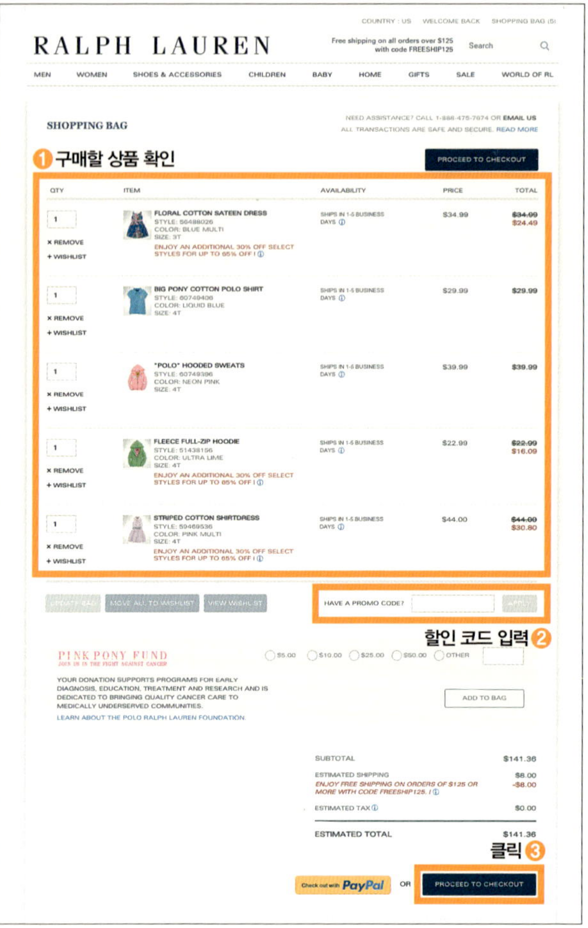

구매하려는 상품을 모두 골랐다면 'SHOPPING BAG'을 클릭하여 장바구니로 이동합니다. 사용 가능한 할인 코드가 있다면 입력한 후 'APPLY'를 클릭합니다. 그러면 하단에서 할인 코드 적용 유무를 확인할 수 있어요.

입력한 정보가 모두 맞는지 확인한 후 'PROCEED TO CHECKOUT'을 눌러 결제를 진행해요.

③ 배송지 정보 입력하기

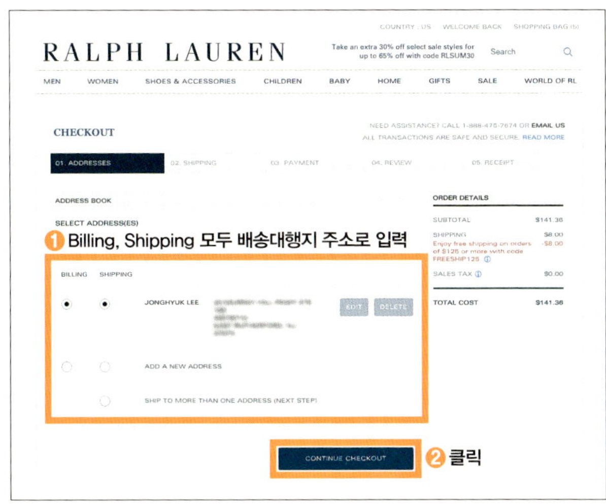

회원 가입 시 사용했던 배송지 주소를 그대로 입력하면 돼요. Billing, Shipping 모두 배송대행지 주소로 입력하면 돼요. 회원 가입 시 입력하지 않았다면 'Add a New Address'를 클릭한 후 입력하면 돼요. 그런 다음 'CONTINUE CHECKOUT'을 클릭해요.

④ 배송 옵션 고르기

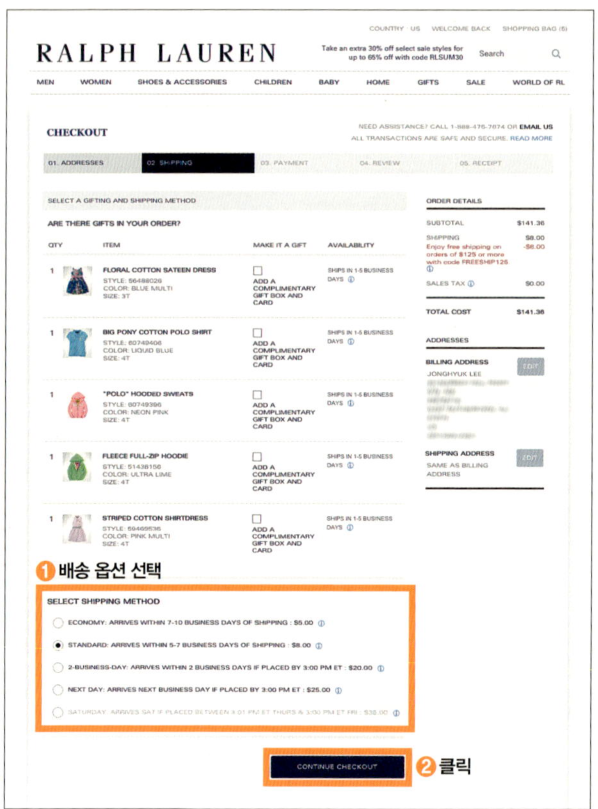

본인이 원하는 배송 옵션을 고르고 'CONTINUE CHECK OUT'을 클릭해요.(랄프로렌은 125달러 이상 구매 시 적용되는 무료 배송 코드가 있어, 배송 옵션을 고를 필요가 없어요.)

⑤ 결제할 카드 정보 입력하기

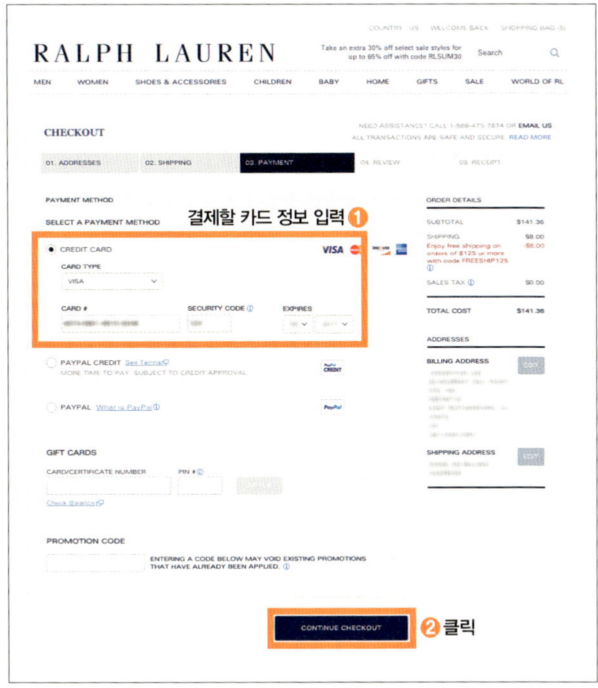

결제할 카드 정보를 모두 입력한 후 'CONTINUE CHECK
OUT'을 클릭해요.

⑥ 주문 정보 확인 및 주문

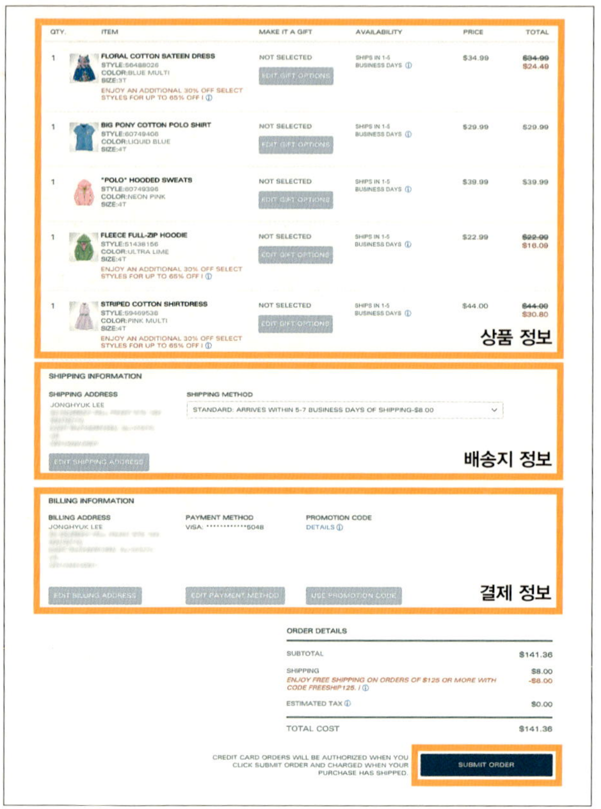

　결제할 카드 정보, 상품 정보, 배송지 정보 등 지금까지 입력한 모든 정보를 다시 확인하고 'SUBMIT ORDER'를 클릭하면 모든 주문이 완료돼요.

　결제 후 바로 주문 번호가 나오니 만일에 대비해 꼭 적어 두세요.

⑦ 배송대행 신청서 작성

쇼핑이 끝났으니 안전하게 한국으로 배송해야겠죠? 그러려면 가입한 배송대행 업체에 배송대행 신청서를 내야 해요. 배송대행 신청서 작성은 39페이지에 자세히 나와 있으니 앞에서 배운 내용이 잘 기억나지 않는다면 참고하세요.

관세를 내야 하는
고가의 핸드백 구매하기

    여자라면 '이 가방은 꼭 사야 해!'라는 소장 욕구를 불러일으키는 핸드백이 하나쯤은 있을 텐데요. 그럴 때마다 우리의 발목을 잡는 것은 역시나 가격입니다. 제품이 고가인 경우는 더욱 망설이게 됩니다. 해외직구의 경우 고가의 핸드백을 구매하려면 관세와 부가세가 적용되지만, 국내보다 저렴한 편이랍니다. 그러면 지금부터 본격적인 해외직구 쇼핑을 떠나 볼까요?

**Q. 고가의 핸드백 해외직구 포인트 :
총 구매 비용 예상하기**

미국 쇼핑몰에서 구매 시 쇼핑몰 결제 금액이 200달러가 넘어 가면 관·부가세가 발생합니다. 총 구매 비용을 예상하려면 상품 가격에 환율을 곱한 뒤에 20퍼센트를 추가로 더하면 됩니다.

고가의 핸드백 해외직구 팁

a. 미국 내 소비세 면제받기

배송대행 업체에 가입하면 여러 지역의 배송대행지 주소를 주는데, 그중에서 전 품목 면세 지역인 델라웨어나 오리건의 주소를 사용하세요.

b. 핸드백의 관·부가세

핸드백의 경우 미국 쇼핑몰에서 구매 시 '상품 가격 + 미국 내 배송비 + 미국 내 소비세 = 200달러 이하'라면 면세예요. 관세율은 200만 원 이하 상품의 경우 8퍼센트이며, 200만원 초과 상품의 경우 특별 소비세와 교육세가 추가로 더 붙어요.

c. 관·부가세 예상하기

관·부가세. 이름만 들어도 어렵죠? 걱정 마세요. 우리는 소비자일 뿐 세관 직원이 아니니 대략적인 세율만 알고 일괄적으로 적용하면 됩니다. 결론부터 말해 면세 범위를 벗어난 핸드백의 관·부가세는 상품 가격에 환율을 곱한 뒤 나온 가격의 20퍼센트라고 보면 됩니다.

핸드백의 관세는 과세 가격의 8퍼센트, 부가세는 과세 가격과 관세를 더한 금액의 10퍼센트예요.

- ① 과세 가격 = (쇼핑몰 결제 금액 × 관세청 고시환율) + 과세 운임
- ② 관세 = 과세 가격 × 0.08(핸드백 관세율)
- ③ 부가세 = (①+②) × 0.1
- ②+③ = 총 납부 금액

- 고시환율 : 상품 결제 시 적용된 환율이 아닌 관세청에서 고시한 환율
- 과세 운임 : 배송대행 업체에 결제한 배송비가 아닌 관세청에서 정한 기준의 운임
- 관·부가세에 대한 자세한 내용은 143페이지에 자세하게 나와 있습니다.

d. 360달러의 핸드백을 구매하면 관세는 얼마가 나올까?

$$\text{과세 가격} = \underset{\text{상품 가격}}{(360\text{달러} \times} \underset{\text{고시환율}}{1,200\text{원})} + \underset{\text{과세 운임}}{41,500\text{원}} = 473,500\text{원}$$

(예상 무게 2kg 이하로 과세 운임은 41,500원, 고시환율은 1,200원으로 계산)

예상 과세 가격이 473,500원이므로 관세는 37,880원,

부가세는 51,138원으로 총 내야 할 세금은 89,018원으로 예상됩니다.

상품을 고를 때마다 이런 과정을 반복해야 한다면 너무나 번거롭겠죠? 일일이 고시환율을 찾아 대입하고, 상품 무게를 확인하고, 그에 맞는 과세 운임을 찾고, 거기에 관세 계산 후 부가세를 계산하고 그 둘을 더하고……. 생각만 해도 너무나 복잡합니다.

이런 번거로움을 피하려면 상품 가격에 환율을 곱한 뒤 나온 금액의 약 20퍼센트를 관·부가세로 보면 됩니다.

대략적인 계산법이기 때문에 정확한 금액을 예상할 수는 없지만, 크게 벗어나지 않는 범위이기 때문에 쇼핑 전 간편하게 계산하는 데 도움이 된답니다.

미국 백화점 '노드스트롬'에서 핸드백 직구하기

노드스트롬은 미국 백화점이에요. 백화점을 온라인으로 그대로 옮겨 놓은 공간이라 브랜드와 상품이 다양해요. 하지만 세일 품목이 아니면 가격이 조금 비쌀 수 있어요. 한국 직배송이 가능하지만, 배송비가 비싸서 배송대행 업체를 이용하는 편이 더 저렴하답니다.

① 상품 고르고 장바구니에 담기

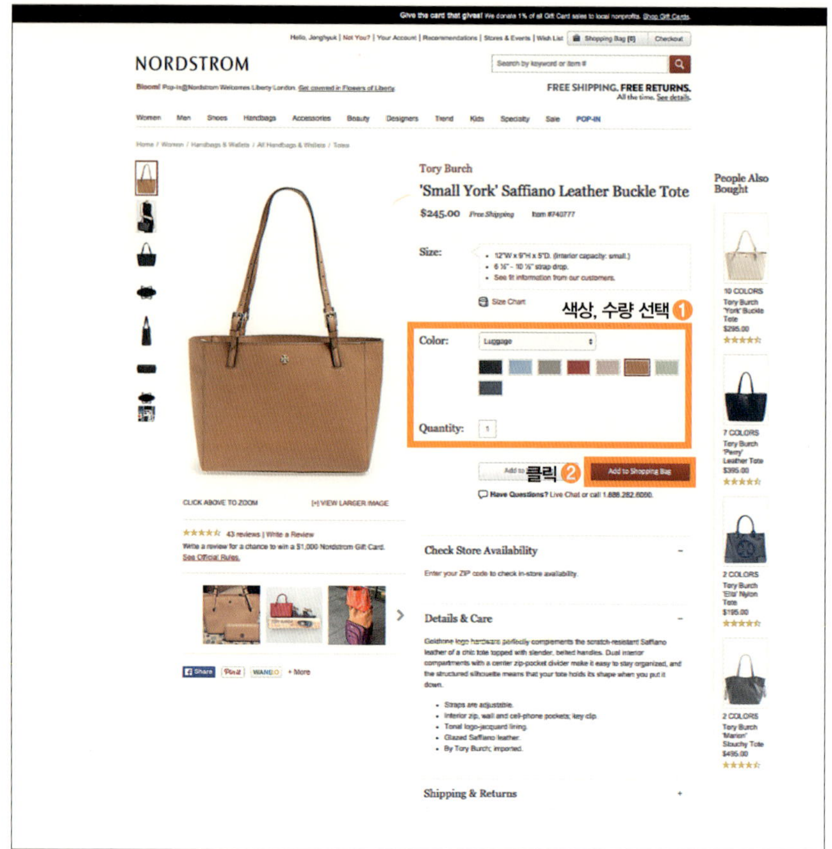

원하는 상품 페이지로 가서 사이즈와 색상, 수량 등을
선택하고 'Add To Shopping Bag'을 눌러 장바구니에 담
아요.

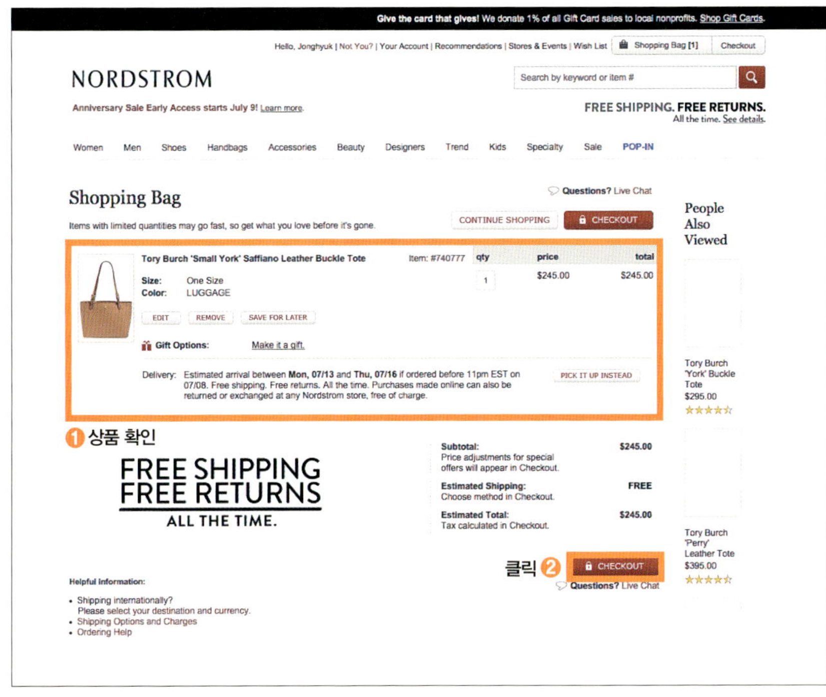

구매하고자 하는 상품을 모두 담았으면 오른쪽 상단의 'Shopping Bag'을 클릭해서 장바구니로 이동해요. 그리고 목록을 확인한 후 'CHECKOUT'을 클릭해요.

③ 배송지 정보 입력하기

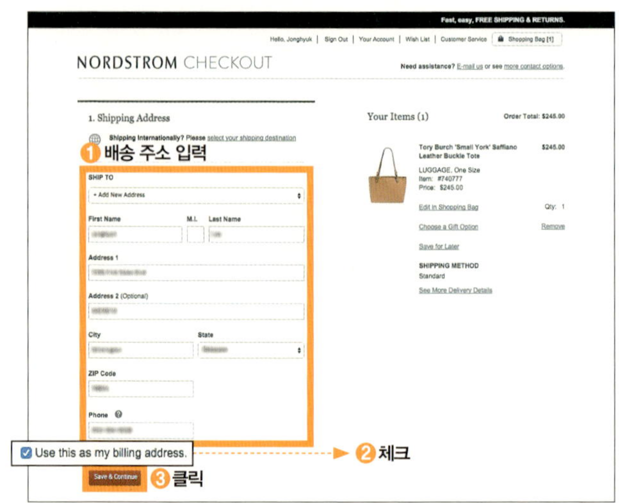

배송받을 배송대행지 주소를 적어요. 모두 입력했으면 'Use this as my billing address'에 체크한 후 'Save & Continue'를 클릭합니다.

④ 배송 주소 지정하기

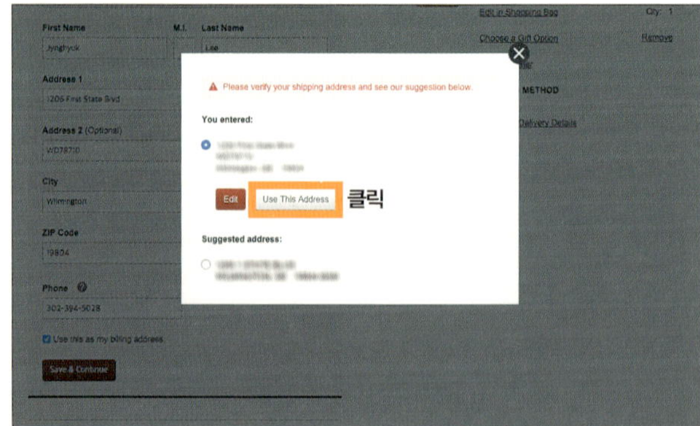

배송대행지의 사서함 번호가 있는 주소가 필요하기 때문에, <u>입력한 주소와 수정된 배송 주소의 선택을 묻는 창이 뜨면 기존 주소를 그대로 사용해 주세요.</u>

⑤ 카드 정보 입력하기

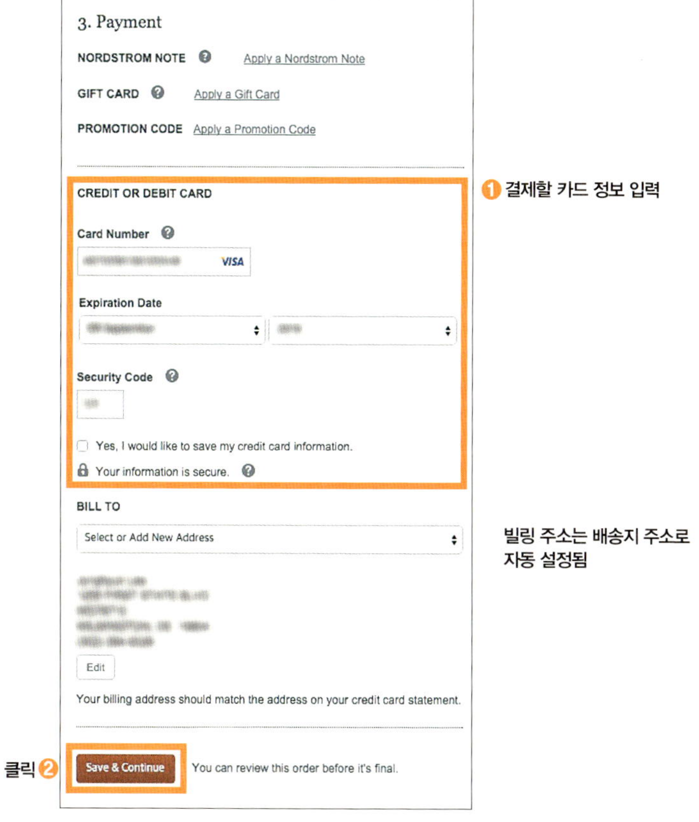

❶ 결제할 카드 정보 입력

빌링 주소는 배송지 주소로 자동 설정됨

클릭 ❷

결제할 카드 정보를 입력하고 'Save & Continue'를 클릭합니다.

⑥ 주문 정보 확인 후 주문

구매할 상품과 앞서 입력한 정보, 총 결제 금액을 확인하고 'PLACE ORDER'를 클릭하면 모든 주문이 완료돼요.

⑦ 배송대행 신청서 작성

쇼핑이 끝났으니 안전하게 한국으로 배송해야겠죠? 그러려면 가입한 배송대행 업체에 배송대행 신청서를 내야 해요. 배송대행 신청서 작성은 39페이지에 자세히 나와 있으니 앞에서 배운 내용이 잘 기억나지 않는다면 참고하세요.

관·부가세가 책정되면 배송대행 업체나 관세 사무소로부터 납부해야 할 금액 및 입금 계좌를 안내받게 됩니다. 납부 방법은 카드로택스 홈페이지(http://www.cardrotax.or.kr)에 가서 카드 결제하는 방법과 인터넷뱅킹을 이용해 계좌 이체하는 방법이 있어요. 일부 배송대행 업체에서는 관·부가세를 고객으로부터 받은 후 대납해 주기도 합니다.

해외직구 스마트 팁. 의류·잡화 베스트 쇼핑몰

의류, 신발, 핸드백 등의 패션 관련 상품은 해외직구에서 30퍼센트 이상을 차지하는 해외직구 주요 품목이에요. 그만큼 국내 소비자들이 이용하는 쇼핑몰도 다양하답니다.

| 신발 베스트 쇼핑몰 |

- 6PM www.6pm.com
- 조씨네 뉴발란스 www.joesnewbalanceoutlet.com
- 피니쉬라인 www.finishline.com
- 이스트베이 www.eastbay.com

▢ QR코드

QR코드에 접속하면 각 쇼핑몰별 자세한 이용 방법
및 더 많은 쇼핑몰을 볼 수 있습니다.

| 의류·잡화 베스트 쇼핑몰 |

- 샵밥 www.shopbop.com

- 아소스 www.asos.com

- 리볼브 www.revolve.co.kr

- 노드스트롬 shop.nordstrom.com

- 니만마커스 www.neimanmarcus.com

- 삭스 피프스 에비뉴 www.saksfifthavenue.com

- 폴로 랄프로렌 www.ralphlauren.com

- 갭 www.gap.com

- H&M www.hm.com/us

- 제이크루 www.jcrew.com

- 아메리칸 이글 www.ae.com

- 빅토리아시크릿 www.victoriassecret.com

- 토리버치 www.toryburch.com

- 파페치 www.farfetch.com

- 매치스패션 www.matchesfashion.com

- 네타포르테 www.net-a-porter.com

QR코드에 접속하면 각 쇼핑몰별 자세한 이용 방법
및 더 많은 쇼핑몰을 볼 수 있습니다.

| 아동복 베스트 쇼핑몰 |

- 짐보리 www.gymboree.com

- 카터스 www.carters.com

- 디즈니 www.disneystore.com

- 한나앤더슨 www.hannaandersson.com

- 칠드런플레이스 www.childrensplace.com

QR코드에 접속하면 각 쇼핑몰별 자세한 이용 방법
및 더 많은 쇼핑몰을 볼 수 있습니다.

한국으로 배송이
바로 온다고?

해외직구를 처음 접할 때 어렵고 생소한 점이 바로 배송대행 업체 이용이에요. 배송대행 업체를 이용하는 이유는 한국까지 배송해 주지 않거나 해 주더라도 비싼 배송비 때문입니다. 하지만 요즘은 한국까지 배송해 주면서 배송비도 합리적인 쇼핑몰이 늘어나는 추세랍니다. 그럼 직배송으로 해외직구 쇼핑을 시도해 볼까요?

🔍 **직배송 해외직구 포인트 : 배송비 절약**

직배송의 핵심은 배송비를 절약하는 데 있습니다. 현지에 있는 배송대행 업체를 통해 받을 때와 한국으로 직배송받는 경우를 꼼꼼하게 비교한 후 선택해야 해요.

a. 개인통관고유부호는 필수

배송대행 업체를 통해 상품을 받을 때는 배송 신청서에 개인통관고유부호가 누락되어도 수정이 가능합니다. 하지만 해외 쇼핑몰은 그렇지 못한 경우가 종종 있어요. 주문 시 개인통관고유부호 기입란이 없기도 해요. 그런 경우, 통관 시 개인통관고유부호를 묻는 이메일이 오는데 제때 답변해 주어야 상품을 받을 수 있습니다.

아마존의 경우 개인통관고유부호 입력 없이 주문하면 국내 통관 시 번호를 요청하는 이메일을 보내는데, 제때 이메일을 보내지 않으면 일주일에서 열흘 정도 기다리다가 답이 없으면 반송돼 버려요. 단, 면세 범위 내로 구매할 때는 개인통관고유부호를 묻지 않기도 하니 이 점 참고하세요.

미국 '아마존'에서 직배송으로 직구하기

아마존은 해외 쇼핑몰하면 가장 먼저 떠오르는 곳이 아닐까 싶어요. 미국뿐만 아니라 유럽, 일본 등 세계 곳곳에 진출해 있어 그 명성이 자자하지요. 우리나라의 **번가, *마켓처럼 여러 판매자들이 모여 있는 종합 쇼핑몰이에요. 패션부터 전자 제품까지 없는 것이 없어요!

① 직배송 상품 고르기

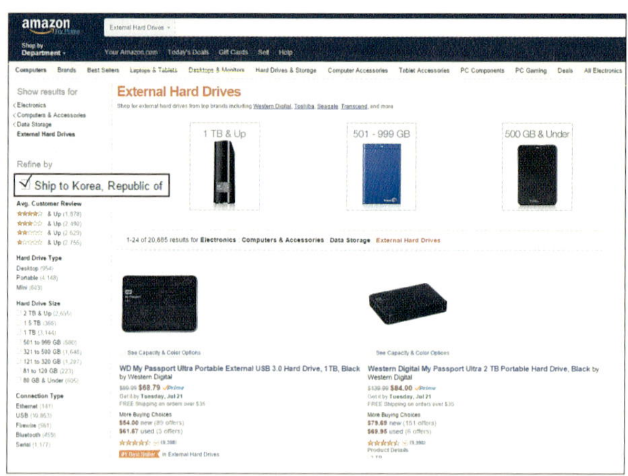

상품을 고를 때 왼쪽 바에서 'Ship to Korea, Republic
of'에 체크하면 한국으로 직배송되는 상품만 따로 볼 수

있어요.

② 상품 고르고 장바구니에 담기

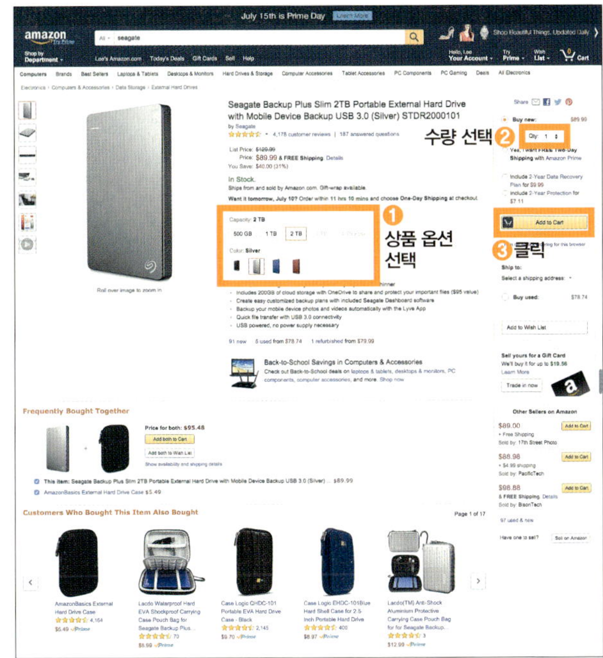

수량, 상품 옵션 등을 선택한 후 'Add to Cart'를 클릭해
장바구니에 담아요.

③ 장바구니 확인

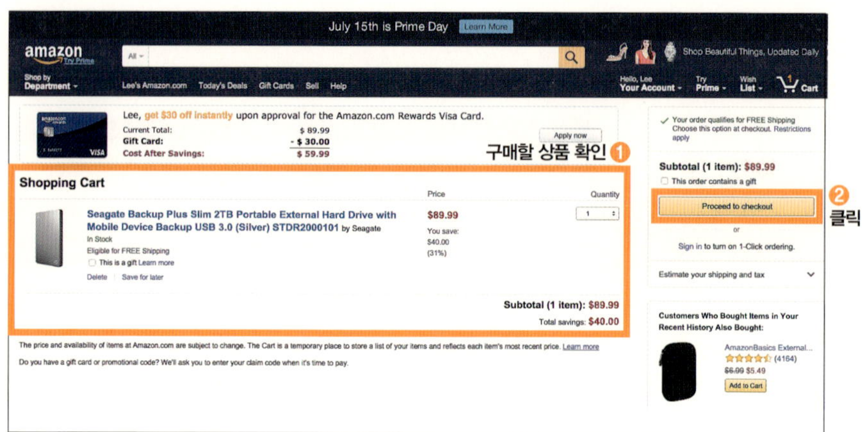

구매하고자 하는 상품을 모두 담았다면 우측 상단의
'Cart'를 클릭해서 장바구니로 가요. 상품이 잘 담겼는지
확인한 후 'Proceed to checkout'을 클릭해서 결제 단계
로 넘어가요.

④ 배송지 정보 입력하기

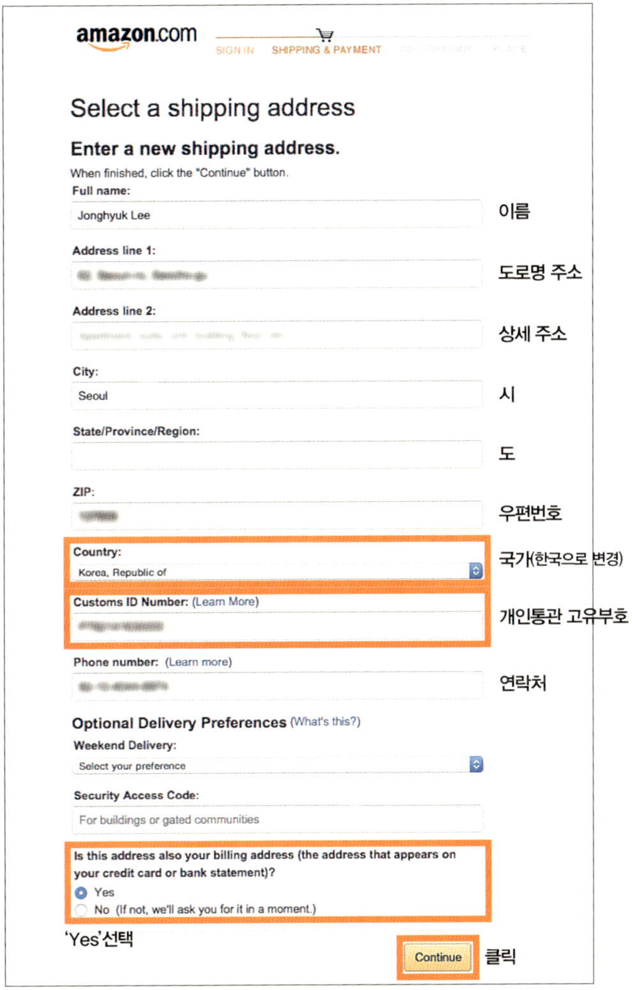

배송 국가를 대한민국으로 바꾼 뒤 주소를 입력해요. Country란에서 'Korea, Republic of'를 선택하면 됩니다. 주소는 도로명 주소로 입력해 주세요.

여기서 반드시 'Customs ID Number'란에 개인통관고유부호를 써야 해요. 연락처의 경우 국가 번호와 함께 입력합니다.(예 : 010-1234-1234 → 82-10-1234-1234)

　하단에 보면 빌링 주소와 동일한 주소인지 묻는 질문이 있는데 'Yes'를 선택하고 'Continue'를 클릭해요.

⑤ 배송 옵션 선택하기

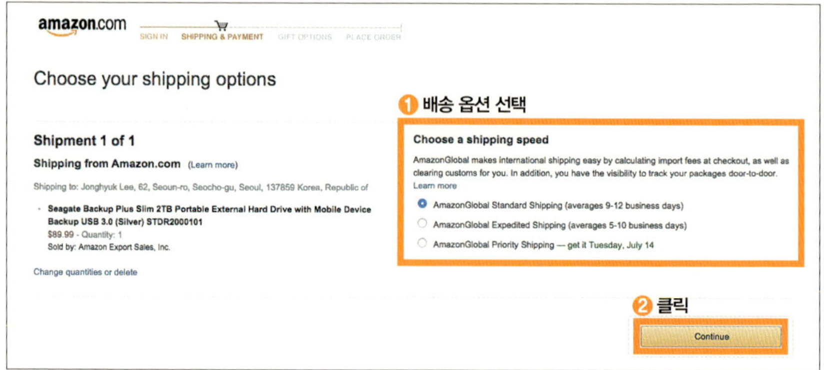

　배송 옵션을 선택한 뒤 'Continue'를 클릭해요. 배송 기간이 짧을수록 배송비가 비싸진다는 점 참고하세요.(대체로 배송비가 가장 저렴한 'AmazonGlobal Standard Shipping'을 선택해요.)

⑥ 카드 정보 입력하기

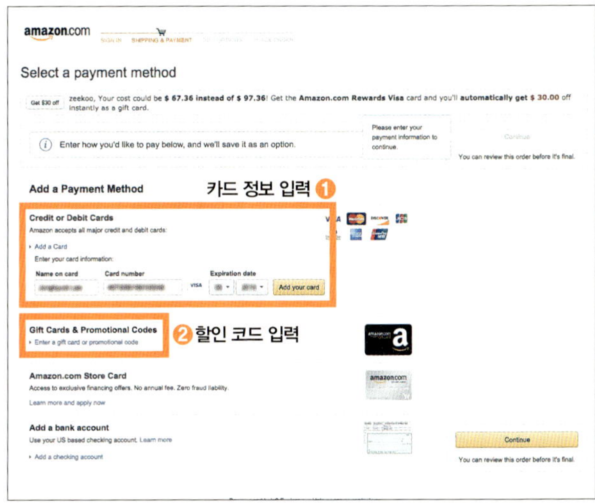

결제 시 사용할 카드 정보를 입력해요. 할인 코드가 있다면 할인 코드도 입력해요.

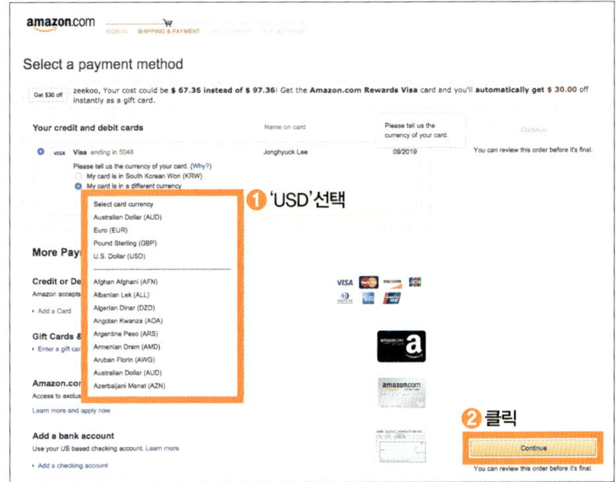

카드 정보를 입력하면 위와 같이 통화를 선택할 수 있
는데, <u>USD</u>를 선택해야 이중 환전으로 인한 손해를 막을
수 있어요. 모든 입력을 마치고 'Continue'를 클릭해요.

⑦ 주문 정보 확인 후 주문

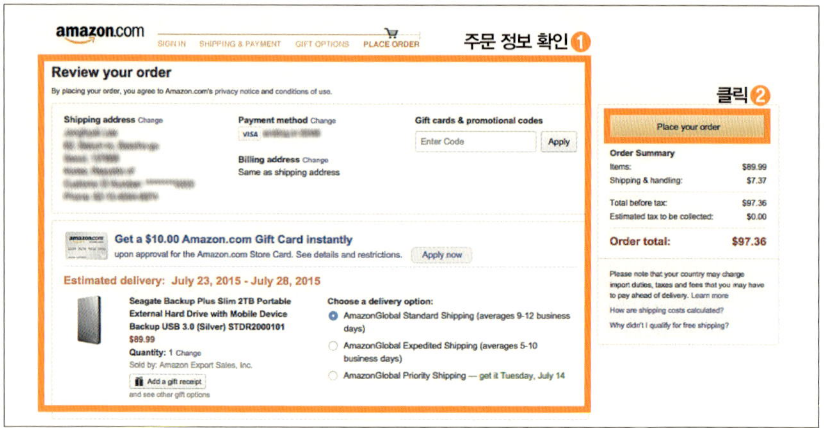

앞서 입력한 정보와 구매하려는 상품 등 모든 주문 정
보를 확인한 후 'Place your order'를 클릭하면 주문 완
료예요.

**⑧ 직배송이므로 배송대행 신청서를 작성할 필요 없이 택배
기사님만 기다리면 돼요.**

- 샵밥 www.shopbop.com

  (100달러 이상 구매 시 한국 직배송 무료)

- 아소스 www.asos.com

  (20파운드 이상 구매 시 한국 직배송 무료)

- 아마존 www.amazon.com

  (상품, 판매자마다 다름/한국 직배송비가 무료인 상품도 있음)

- 니만마커스 www.neimanmarcus.com

  (175달러 이상 구매 시 한국 직배송 무료)

- 마이해빗 www.myhabit.com

  (한국 직배송 15달러)

- 아이허브 kr.iherb.com

  (한국 직배송비 4달러/무료 배송 행사 자주함)

(각 쇼핑몰의 혜택은 쇼핑몰의 사정에 따라 변동될 수 있습니다.)

📖 QR코드

QR코드에 접속하면 각 쇼핑몰별 자세한 이용 방법
및 더 많은 쇼핑몰을 볼 수 있습니다.

주방 용품

직구하기

주부라면 누구나 예쁘고 좋은 주방 용품에 욕심이 생기죠. 그런데 막상 마음에 드는 상품들은 가격이 높아서 구매하기 어려울 때가 많아요. 해외직구로 구매하면 저렴하다고는 하는데 배송 도중에 파손될 우려도 있어 걱정이 되죠. 자, 그럼 지금부터 소중한 주방 용품을 어떻게 하면 안전하게, 속상한 일 없이 직구할 수 있는지 알아볼까요?

🔍 **주방 용품 해외직구 포인트 :**

상품의 무게가 관건!

주방 용품 중에는 무게가 많이 나가는 상품들이 있으니 구매하기 전에 배송비를 잘 따져 보고 사야 배송비 폭탄을 맞지 않아요.

a. 안전 포장

업체들 중에는 파손 우려가 있는 상품의 경우, 추가 비용을 지불하면 더 안전하게 포장해 주는 곳도 있어요. 물론 이런 옵션을 선택하지 않아도 잘 보내 주지만, 유리나 접시처럼 깨지기 쉬운 상품들의 경우 이런 옵션이 있으면 보다 안심하고 구매할 수 있겠죠?

b. 배송비 꼼꼼하게 따지기

주방 용품 중에는 칼이나 무쇠 냄비와 같은 무거운 철제 상품들이 더러 있어요. 국제 배송비는 무게로 책정되니 이 점 잘 고려해서 구매해야겠죠?

'빌레로이 앤 보흐' 공식 쇼핑몰 직구하기

빌레로이 앤 보흐는 고급스러운 디자인 및 캐주얼한 디자인까지 두루 갖춘 브랜드입니다. 접시, 그릇, 컵 등 다양한 제품을 보다 보면 시간 가는 줄 모르고 구경하게 되는데, 국내에서는 꽤 높은 가격에 판매되고 있어 해외직구를 이용하면 보다 저렴하게 구매할 수 있어요. (종종 세일을 하니 시기에 맞춰 잘 알아보고 구매하면 더욱 이득이겠죠?)

① 상품 고르고 장바구니에 담기

상품 페이지에서 수량 선택 후 'ADD TO CART'를 클릭
하면 장바구니에 담겨요.

② 장바구니 확인 및 할인 코드 입력하기

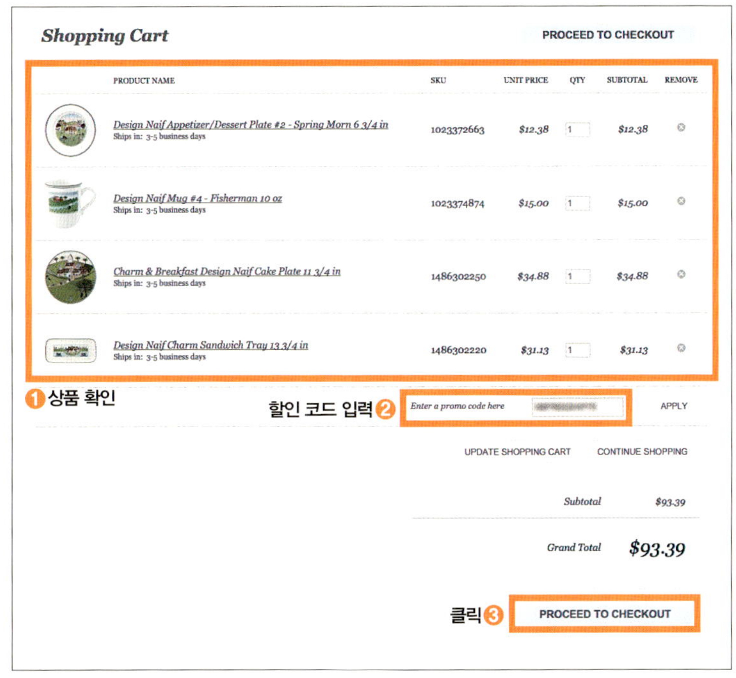

구매하고자 하는 상품을 모두 골랐다면 'SHOPPING CART'를 클릭해서 장바구니로 이동해요. 상품이 제대로 담겼는지 확인하고 할인 코드가 있으면 입력한 후 'APPLY'를 클릭해요. 그 후 'PROCEED TO CHECKOUT'을 클릭해서 결제 단계로 넘어갑니다.

③ 배송지 정보와 카드 정보 입력 후 주문

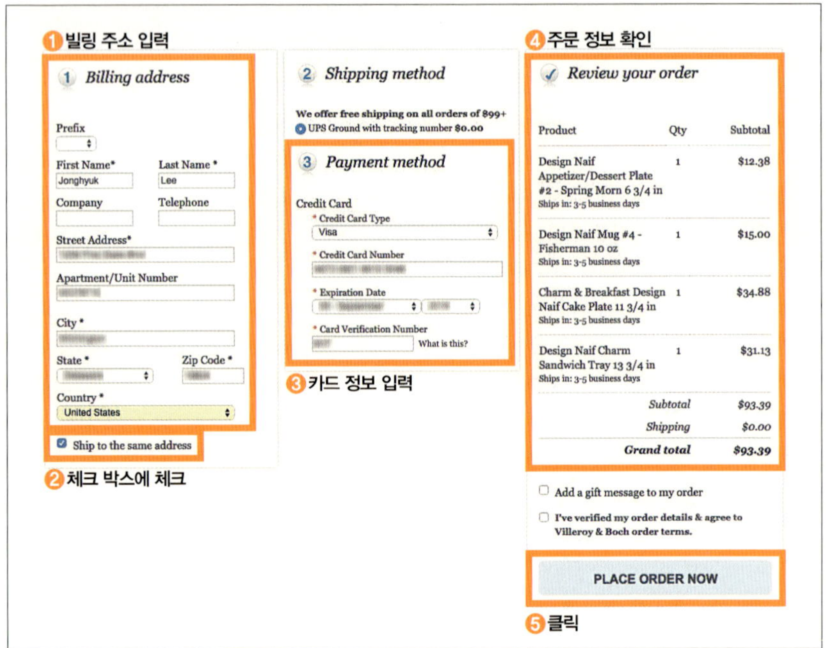

빌링 주소 입력란에 배송지 정보 입력 후 하단의 'Ship to the save address'에 체크하고 결제할 카드 정보를 입력해요. 모두 입력했으면 주문하고자 하는 상품과 가격을 확인한 후 'PLACE ORDER NOW'를 클릭하면 주문이 완료돼요.

④ 배송대행 신청서 작성

쇼핑이 끝났으니 안전하게 한국으로 배송해야겠죠? 그러려면 가입한 배송대행 업체에 배송대행 신청서를 내야 해요. 배송대행 신청서 작성은 39페이지에 자세히 나와 있으니 앞에서 배운 내용이 잘 기억나지 않는다면 참고하세요.

해외직구 스마트 팁. 주방 용품 베스트 쇼핑몰

- 빌레로이 앤 보호 www.villeroy-boch.com
- 네스프레소 www.nespresso.com
- WMF www.wmfamericas.com
- 휘슬러 www.fissler.com
- 덴비 www.denbyusa.com
- 이탈리아 아마존 www.amazon.it
- 독일 아마존 www.amazon.de

부피가 큰

여행용 캐리어도 문제없다!

여행을 떠나려면 챙겨야 할 것이 한두 가지가 아닌데, 그중에서도 캐리어는 여행의 필수 아이템입니다. 단순 짐가방이라고 생각해 아무거나 사면 나중에 후회하기 쉽습니다. 어설픈 상품을 샀다가는 바퀴나 손잡이가 빠지는 등의 불상사가 생길 수 있습니다. 기분 좋게 떠난 여행을 캐리어 하나 때문에 망칠 수는 없겠죠?

그렇다고 마음에 드는 좋은 상품을 사자니 가격이 부담스러워 구매가 망설여졌다면 답은 해외직구에 있습니다. 가격과 제품의 질 모두 만족스러운 캐리어를 해외직구로 구매해 볼까요?

여행용 캐리어 해외직구 구매 팁

a. 부피무게

다른 설명에 앞서 부피무게에 대한 이야기를 먼저 해야겠네요. 처음 배송대행을 접할 때 가장 생소한 것이 부피무게입니다.

부피가 큰 상품은 무게만으로 배송비를 책정할 경우, 배송대행 업체 입장에서는 자칫 손해가 날 수 있어요. 이런 경우를 고려해 만들어진 것이 바로 부피무게랍니다.

b. 배송대행지 선택 방법

대부분의 상품은 미국 내 소비세가 면제되는 지역인 오리건이나 델라웨어로 보내면 돼요. 그런데 여행용 캐리어의 특성상 실제 무게에 비해 부피가 큰 상품이 있어요. 이런 경우 부피무게 면제 이벤트를 하는 업체의 배송대행지로 보내는 것이 유리해요. 그래야 부피무게로 인한 배송비 폭탄을 피할 수 있답니다.

각각의 배송대행지에서 비슷한 기준으로 부피무게 관련 규정을 두고 있지만, 업체마다 조금씩 다를 수 있습니다. 실제 무게와 부피무게가 2배 이상 차이가 날 경우 부피무게를 적용하거나, 적용 시 부피무게의 30~50퍼센트를 면제하여 적용하거나, 일부 상품에 한해 부피무게를 면제하는 등 업체마다 차이가 있어요. 이를 잘 비교해서 이용하면 실제 무게 대비 부피가 큰 상품도 배송비를 저렴하게 하여 구매할 수 있답니다.

c. 해상 배송대행 업체 이용

부피가 너무 크거나 무게가 많이 나가는 상품을 구매하게 되면 엄청난 배송비 때문에 해외직구의 의미가 사라질 수도 있는데, 이를 해결해 줄 수 있는 방법이 바로 해상 배송대행 업체랍니다.

H사를 기준으로 17킬로그램까지는 상품을 15달러에 배송해 줘요.(국내 배송비 별도) 항공 배송대행 업체의 경우 8

만 원대의 비용이 드는데 이와 비교하면 엄청난 차이에요.

저렴한 가격이 장점이라면, 단점으로는 배송 기간이 길다는 것을 꼽을 수 있습니다. 배송 기간이 보통 한 달에서 길게는 두 달까지 걸릴 수 있습니다. 긴 배송 기간만 감수할 수 있다면 부피가 큰 텔레비전이나, 침대 매트리스, 유모차, 카 시트 등의 상품을 해외직구로 보다 저렴하게 구매할 수 있답니다.

'쌤소나이트' 공식 쇼핑몰에서 부피가 큰 캐리어 직구하기

쌤소나이트는 여행용 캐리어의 대표 브랜드예요. 여행을 보다 즐겁고 편리하게 해 줄 다양한 기능과 디자인을 보유하고 있답니다.

① 상품 고르고 장바구니에 담기

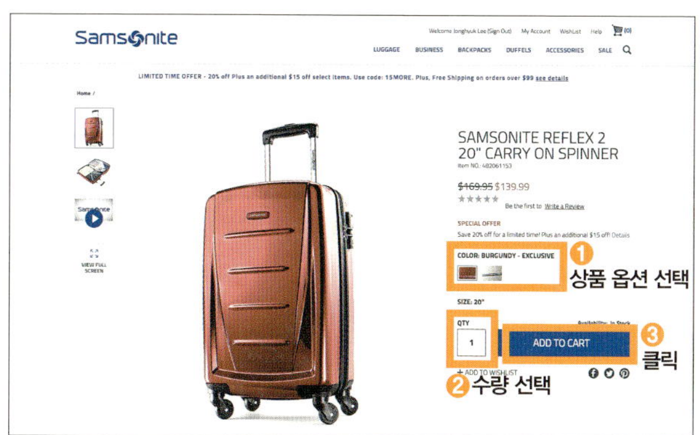

상품 페이지에서 수량, 사이즈, 색상 등을 선택한 후 'Add to Cart'를 클릭해 장바구니에 담아요.

② 장바구니에서 상품 확인하기

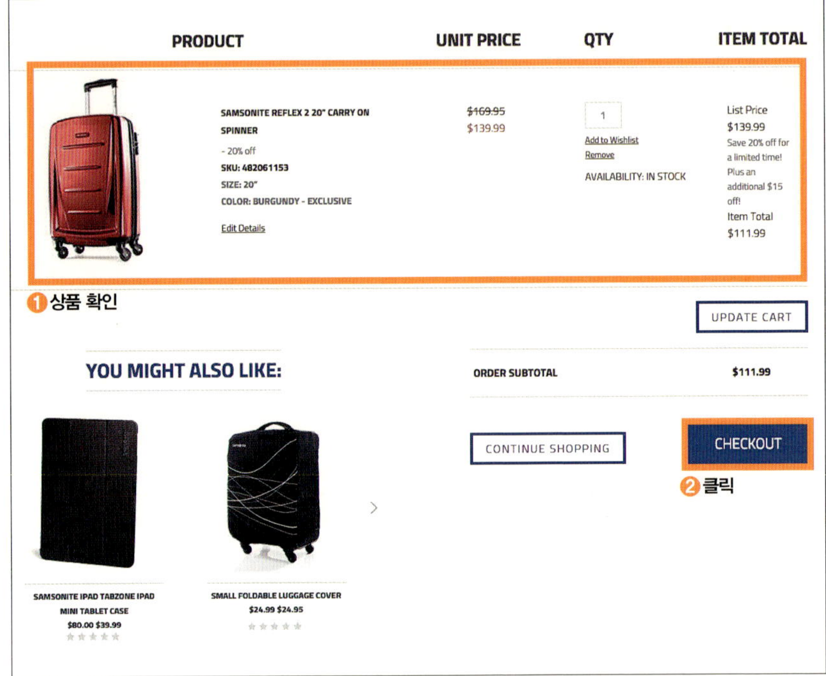

상품을 모두 골랐으면 오른쪽 상단의 카트 이미지에 마우스를 대면 나오는 'CHECKOUT'을 클릭해서 장바구니로 이동해요. 구매할 상품을 확인한 후 'CHECKOUT'을 클릭해요.

③ 배송지 정보 입력 및 배송 옵션 선택하기

배송지 정보를 입력하고 'USE THIS ADDRESS FOR BILLING'에 체크합니다. 그리고 배송 옵션을 선택한 후 'CONTINUE'를 클릭해서 결제 단계로 넘어가요.

④ 카드 정보 입력하기

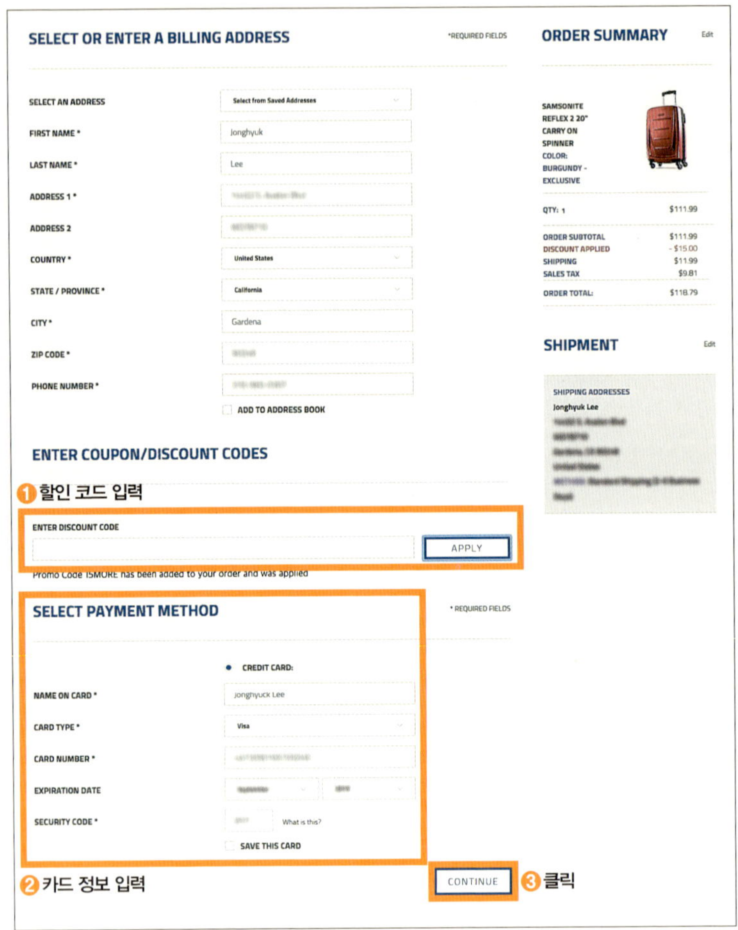

① 할인 코드 입력

② 카드 정보 입력

③ 클릭

앞에서 체크했기 때문에 빌링 주소는 이미 채워져 있을
거예요. 할인 코드가 있으면 'ENTER DISCOUNT CODE'
에 입력한 후 'APPLY'를 클릭해요. 그리고 결제할 카드 정
보를 입력한 후 'CONTINUE'를 클릭해요.

⑤ 주문 정보 확인

⑤ 주문 정보 확인

❶주문 정보 확인

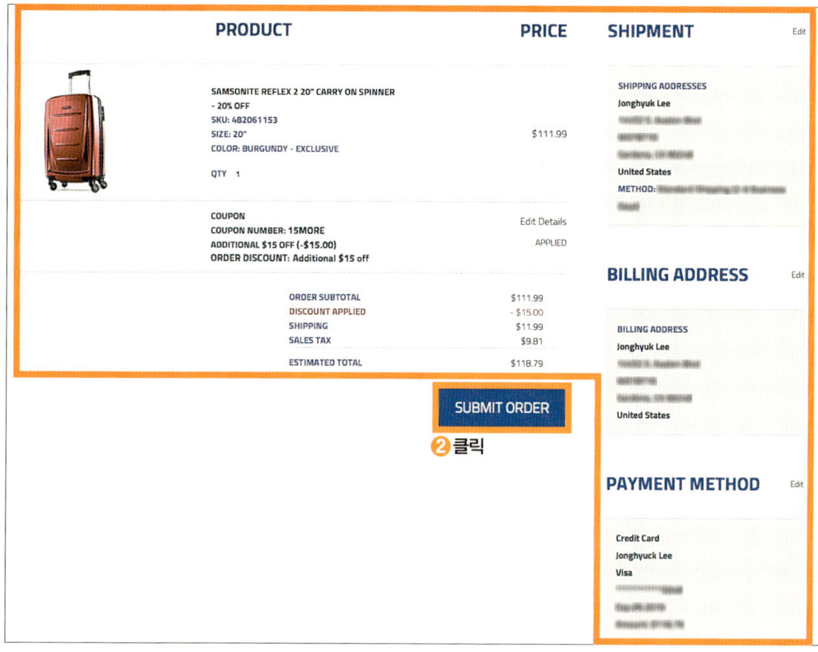

❷클릭

주문할 상품과 결제 내역을 다시 한 번 살피고 'SUBMIT ORDER'를 클릭하면 모든 주문이 완료돼요.

⑥ 배송대행 신청서 작성

쇼핑이 끝났으니 안전하게 한국으로 배송해야겠죠? 그러려면 가입한 배송대행 업체에 배송대행 신청서를 내야 해요. 배송대행 신청서 작성은 39페이지에 자세히 나와 있으니 앞에서 배운 내용이 잘 기억나지 않는다면 참고하세요.

화장품
직구하기

화장품 해외직구는 여러모로 유용합니다. 소모품이라 부담되는 비용 문제도 해결할 수 있고, 국내에 수입되지 않는 색상이나 라인 등을 구매할 수 있다는 것이 가장 큰 장점이에요. 몇 가지 사항만 주의하면 국내 로드샵에서 쇼핑하는 것처럼 쉽고 편리하게 할 수 있답니다.

> ### 🔍 화장품 해외직구 포인트 : 기능성 화장품의 면세 범위
>
> 미국 쇼핑몰을 기준으로 대부분의 상품이 결제 금액 200달러 이하까지는 면세 범위에 해당합니다. 하지만 화장품은 면세 범위가 달라요. 일반 화장품은 위와 동일하게 쇼핑몰 결제 금액 200달러 이하까지 면세지만, 기능성 화장품의 경우 '해외직구 시 드는 총 비용이 15만 원 이하'일 때만 면세가 적용돼요.

a. 국내와 다른 색상 표기

국내에서 수입할 때와는 다른 이름 혹은 숫자로 색상이 표기된 경우가 있으니 구매 전 미리 확인하는 것이 좋아요.

b. 향수 구매 시 주의 사항

향수는 다른 상품들과 달리 적용되는 면세 기준이 달라요. 향수는 수량에 관계없이 총 용량 60ml 이하, 미국 쇼핑몰 기준으로 200달러 이하 구매 시 면세 혜택을 받을 수 있어요.

면세 기준을 초과하면 관세, 부가세뿐만 아니라 개별소비세, 농특세, 교육세 등이 부과돼요. 또한 60ml 초과 시 함께 구매한 상품의 면세 범위도 같이 낮아지므로 이 점 유의하셔야 해요.

c. 면세 범위 확인하기

면세 범위의 기준은 목록통관과 일반통관으로 나뉘어요. 일반 화장품을 미국 쇼핑몰에서 구매할 경우, 목록통관 대상이므로 의류·신발 등의 상품처럼 쇼핑몰 결제 금액 200달러까지는 면세가 적용됩니다.

그러나 기능성 화장품(일반 화장품보다 미백, 주름 개선, 태닝, 자외선 차단 등의 특정 기능이 강조됨)은 일반통관 대상으로 '해외직구 시 드는 총 비용이 15만 원 이하'일 경우에만 세금이 없습니다.(이때 환율과 국제 배송비는 관세청에서 고시한 기준으로 계산해야 합니다.)

즉, 기능성이 아닌 화장품은 미국 쇼핑몰의 경우 결제 금액 200달러까지 면세, 구매한 상품 중 기능성 화장품이 있다면 해외직구 시 드는 총 비용이 15만 원 이하일 때만 면세가 적용됩니다.

여기서 기능성 화장품의 기준이 애매한데요, 확실한 기준은 제품의 구매 후기 검색이나 배송대행 업체, 관세청 등에 문의하여 알아보는 것이 좋습니다.

· **면세 범위의 기준에 관한 자세한 내용은 146~148페이지를 참고하세요.**

d. 수입할 수 없는 상품 주의

살리실산이나 벤조일퍼옥사이드 등 일부 성분이 포함된 상품의 경우 국내로 수입할 수 없어요. 의심되는 상품은 구매 전 검색이나 관세청, 배송대행 업체 등에 문의해 확인해 보세요.

색조 화장품으로 유명한 베네피트는 국내보다 저렴한 가격과 직배송이 가능한 매력 덕분에 많은 분들이 찾는 쇼핑몰이에요.

① 상품 고르고 장바구니에 담기

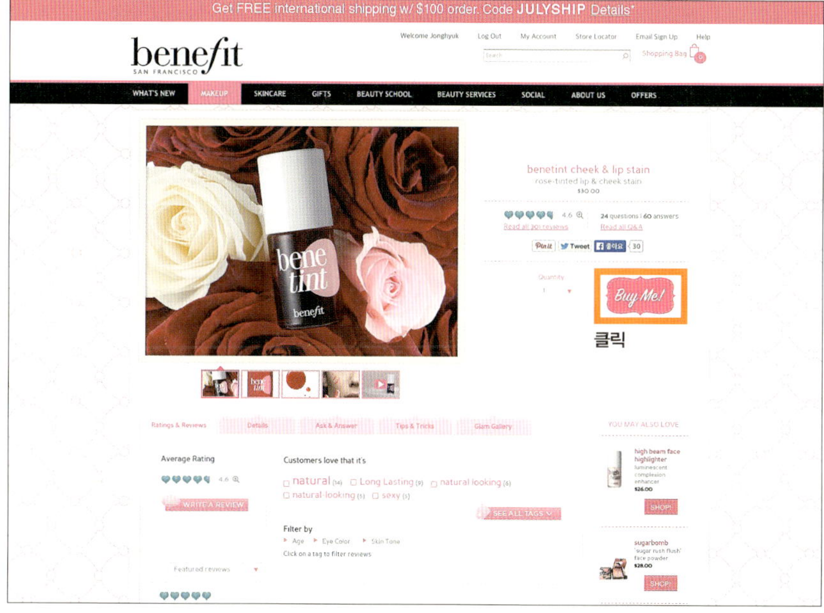

원하는 상품 페이지로 가서 용량, 색상, 수량 등을 선택하고 'Buy me'를 클릭해 장바구니에 담아요.

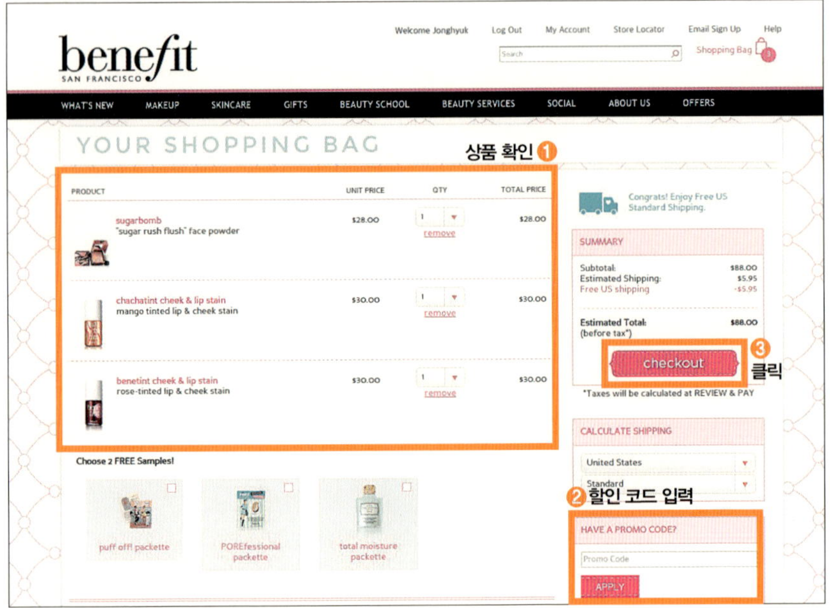

우측 상단의 'Shopping Bag'을 클릭한 후, 'checkout'을
클릭해서 장바구니로 이동해요. 주문할 상품이 장바구니
에 잘 담겼는지 확인합니다. 할인 코드가 있으면 입력 후
'APPLY'를 클릭해요. 그리고 'checkout'을 클릭해서 결제
단계로 넘어갑니다.

③ 배송지 정보 입력하기

'Add New Address'를 선택하여 배송대행지 주소를 입력하고 배송 옵션을 고릅니다. 그리고 'REVIEW & PAY'를 클릭해요.

④ 카드 정보 입력 후 주문

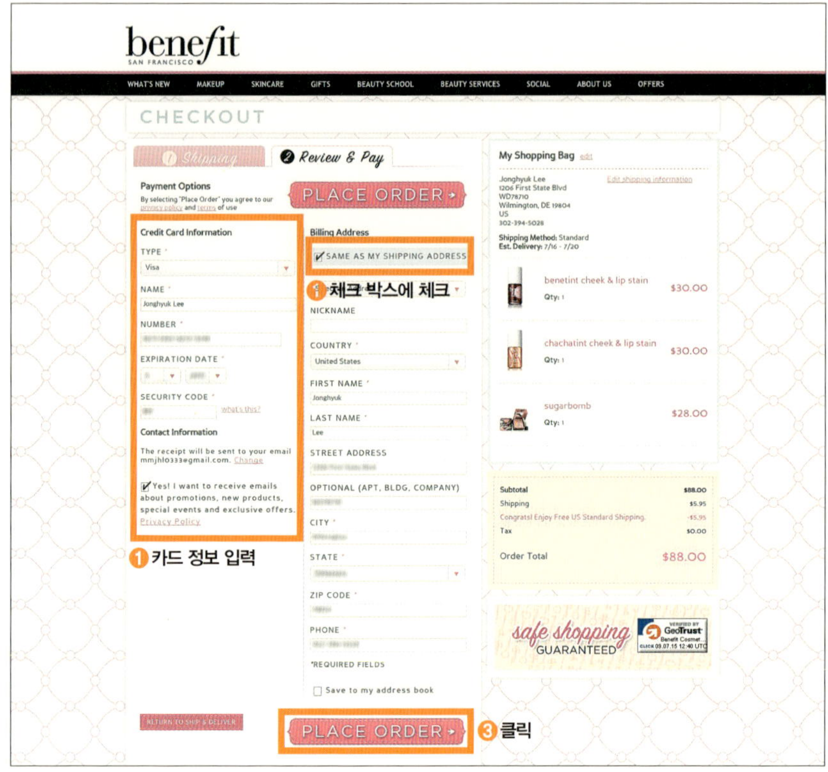

결제할 카드 정보를 입력합니다. 'SAME AS MY SHIPP
ING ADDRESS'에 체크해요. 주문 정보 및 상품 확인 후
'PLACE ORDER'를 클릭하면 주문이 완료돼요.

⑤ 배송대행 신청서 작성

쇼핑이 끝났으니 안전하게 한국으로 배송해야겠죠? 그러려면 가입한 배송대행 업체에 배송대행 신청서를 내야 해요. 배송대행 신청서 작성은 39페이지에 자세히 나와 있으니 앞에서 배운 내용이 잘 기억나지 않는다면 참고하세요.

해외직구 스마트 팁. 뷰티·화장품 베스트 쇼핑몰

- 뷰티닷컴 www.beauty.com
- 세포라 www.sephora.com
- 바비브라운 www.bobbibrowncosmetics.com
- 베네피트 www.benefitcosmetics.com
- 스틸라 www.stilacosmetics.com

💻 QR코드

QR코드에 접속하면 각 쇼핑몰별 자세한 이용 방법 및 더 많은 쇼핑몰을 볼 수 있습니다.

건강 보조 식품

직구하기

　해외직구 품목 중에 의류 다음으로 많은 것이 건강 보조 식품이에요. 국내로 수입이 불가한 상품도 있고, 면세 범위도 낮고, 한 번에 통관될 수 있는 양이 적음에도 불구하고 인기가 많은 이유는 저렴한 가격 때문이에요. 어떤 제품은 배송비를 다 합쳐도 국내의 반도 안 되는 가격에 구매할 수 있기도 해요.

🔍 **건강 보조 식품 해외직구 포인트 :**
통관 시 주의 사항과 면세 범위

건강 보조 식품은 통관 시 주의 사항과 면세 범위를 잘 확인하고 구매하세요. 그렇지 않으면 통관 과정에서 폐기될 수도 있고, 예상치 못한 관·부가세가 나올 수도 있어요.

a. 면세 범위 확인하기

건강 보조 식품의 면세 기준은 기능성 화장품과 같아요. '해외직구 시 드는 총 비용이 15만 원 이하'라면 내야 할 세금이 없어요. 이때, 환율과 국제 배송비는 관세청에서 고시한 기준으로 계산해야 합니다.(자세한 내용은 146~148페이지를 참고하세요.)

b. 수입 제한 품목 확인하기

일부 성분이 포함되어 있는 상품의 경우 수입이 제한될 수 있어요. 특정 상품이 아닌 특정 성분에 따라 수입 금지 여부가 결정되므로 구매 전 배송대행 업체나 검색을 통해 알아보는 것이 좋아요. 아이허브의 경우, 한국에서 통관할 수 없는 상품을 자체적으로 걸러 줘요.

c. 6병 이하까지만 통관 가능

여기서 핵심은 6병 이하로만 통관이 가능하다는 점이에요. 몇 정이 들어 있는지는 중요하지 않아요. 통관 시 6병이 초과될 경우, 나머지는 폐기 처분돼요. 이때 수수료가 부가되는데, 상품 중 일부만 폐기하고 나머지를 받으려면 폐기 수수료 5,500원이 부과됩니다. 그리고 배송 건에서 폐기 처분할 상품만 빼고 다시 수입 신고를 진행하기 위한 수수료(카튼 분할 수수료) 5,500원이 또 부과돼요.

'아이허브'에서 건강 보조 식품 직구하기

아이허브는 국내 직구족들이 가장 많이 이용하는 해외
쇼핑몰이에요. 샴푸부터 비타민, 유아 용품 등 3만 5천여
가지의 상품을 판매하는 뷰티·헬스 종합 쇼핑몰이에요. 한
국어를 100퍼센트 지원하며 국내까지 저렴한 가격에 직
배송을 해 주기 때문에 쇼핑하기가 수월해요.

① 상품 고르고 장바구니에 담기

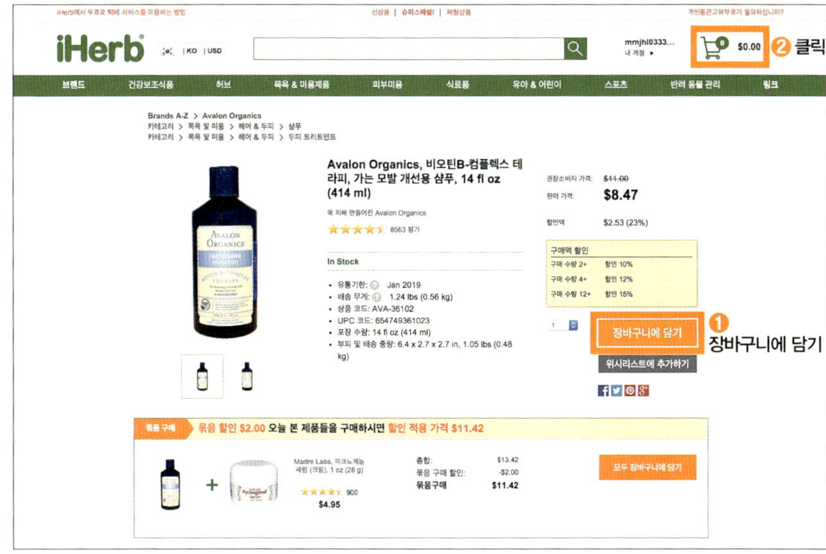

한국어를 지원하기 때문에 국내 쇼핑몰과 동일한 방법으로 장바구니에 담으면 돼요. 구매하고자 하는 상품 페

이지에서 '장바구니에 담기'를 클릭해요. 모두 장바구니
에 담았으면 오른쪽 상단의 '카트'를 클릭하여 다음 단계
로 넘어가요.

② 장바구니 확인 및 추천 코드 넣기

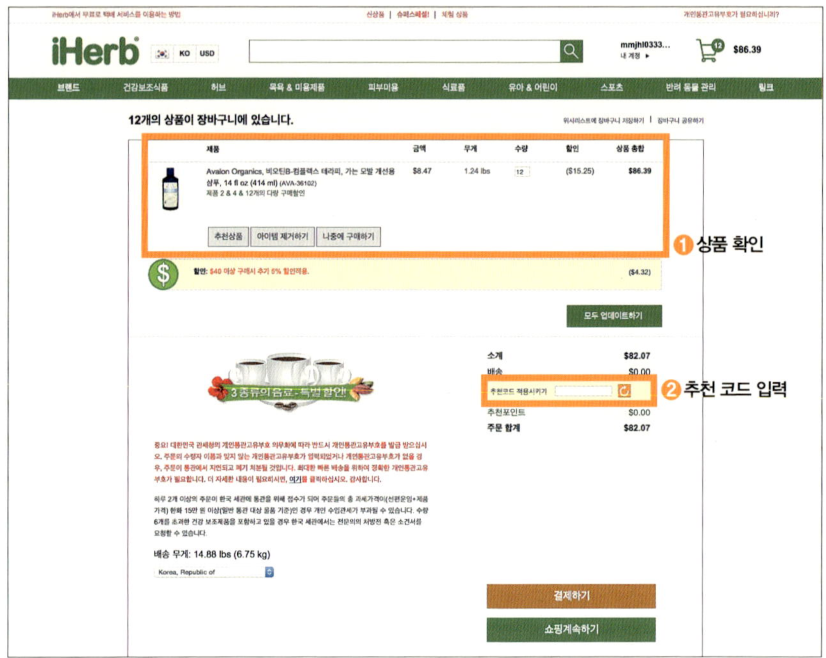

장바구니에 상품이 제대로 담겼는지 확인해요.

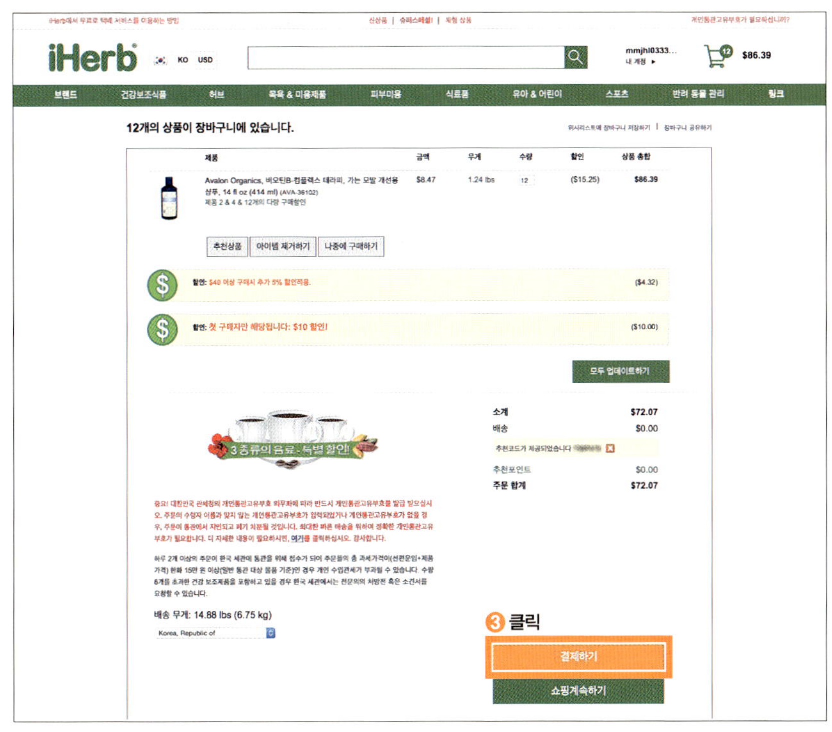

추천코드 적용시키기에 추천 코드를 넣으면 첫 구매 시 10달러 할인이 적용돼요. 그런 다음 '결제하기'를 클릭해서 다음 단계로 넘어가요.

③ 배송지 정보 입력하기

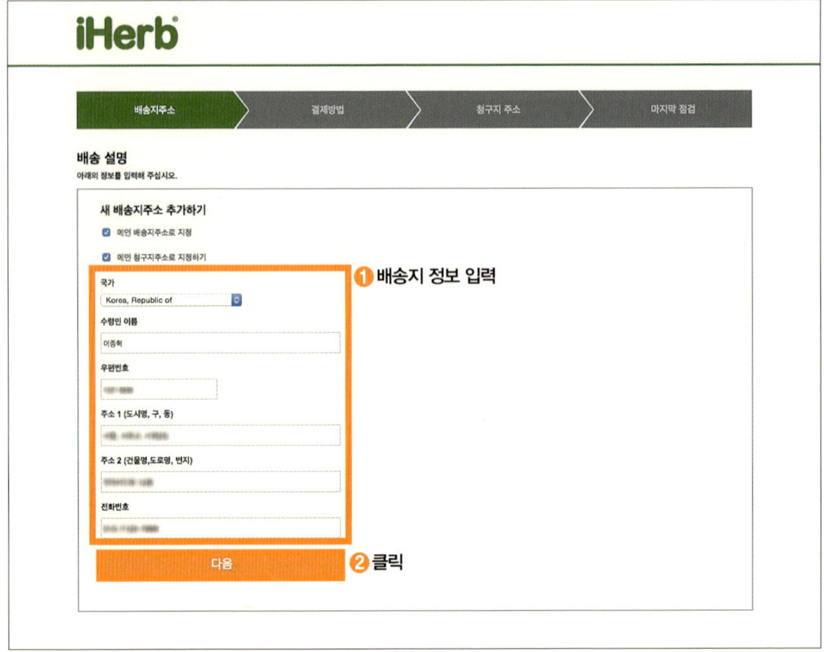

　한국어로 배송받을 국내 주소와 이름, 전화번호를 꼼꼼하게 입력해요. 주소는 도로명 주소로 입력해 주세요. 모두 입력한 후 '다음'을 클릭해요.

④ 개인통관고유부호 입력하기

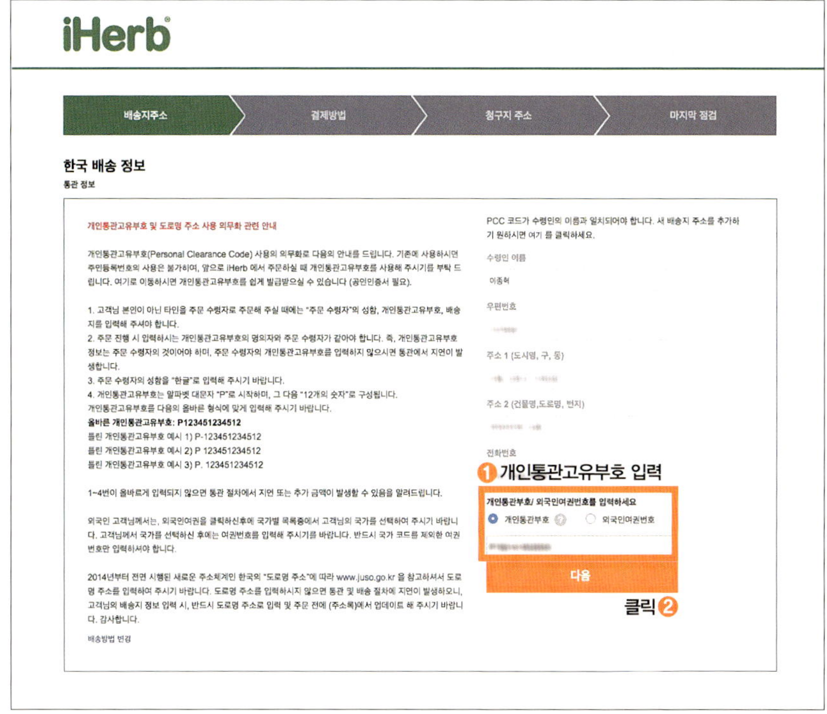

아이허브에서 판매하는 상품들은 대부분 개인통관고유부호가 있어야 통관이 가능해요. 개인통관고유부호를 제대로 입력했는지 확인한 후 '다음'을 클릭해요.

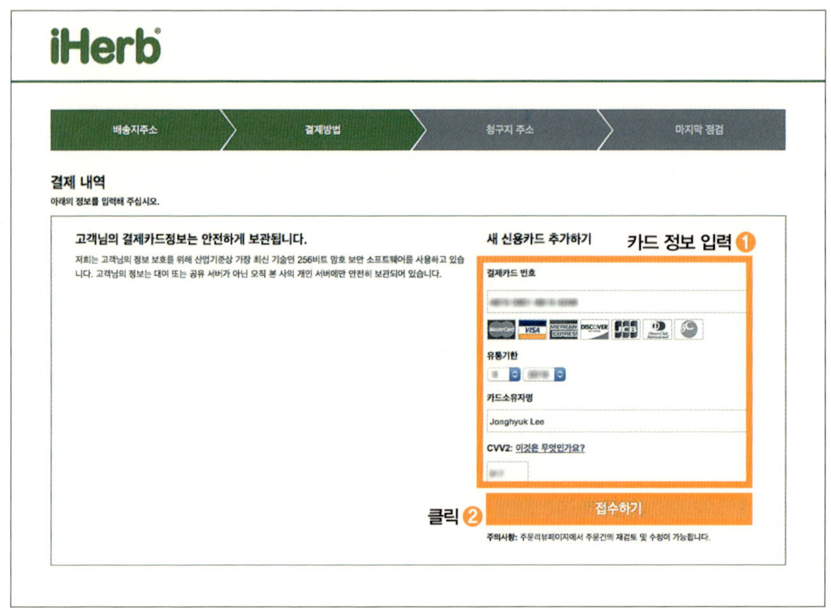

결제 시 사용할 카드 정보 입력 단계예요. 제대로 입력
했으면 '접수하기'를 클릭해요.

⑥ 주문 정보 확인

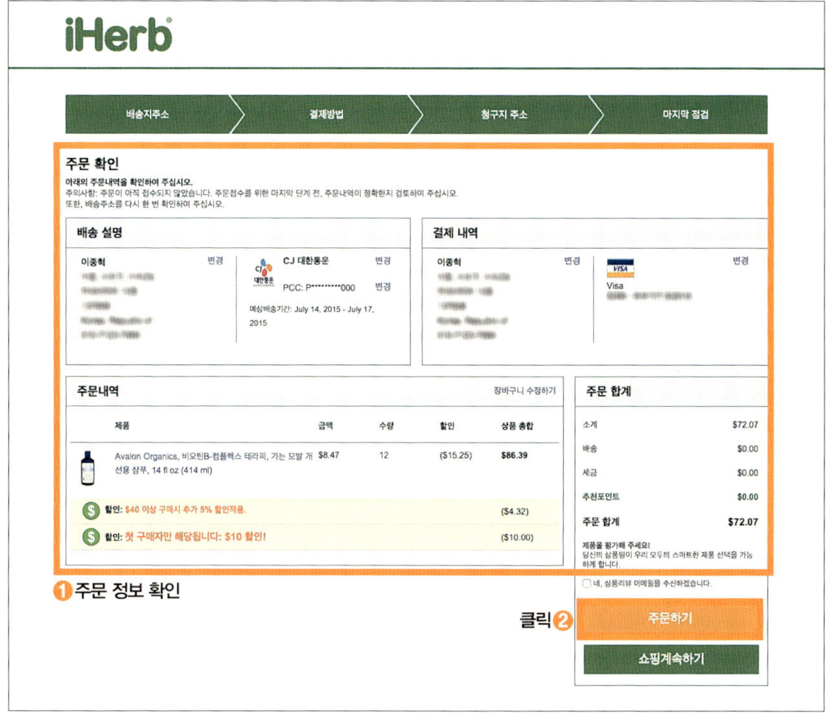

❶ 주문 정보 확인

클릭❷

카드 청구지 주소 선택 단계가 나오면 앞서 입력한 주소를 선택하고 '다음'을 누릅니다. 그러면 이어서 주문 확인 화면이 나와요. 앞서 입력한 정보와 상품을 확인한 후 '주문하기'를 클릭하면 모든 주문이 완료됩니다.

- 아이허브 kr.iherb.com

- 비타트라 www.vitatra.com

- 드럭스토어 www.drugstore.com

- GNC www.gnc.com

🖥 QR코드

QR코드에 접속하면 각 쇼핑몰별 자세한 이용 방법
및 더 많은 쇼핑몰을 볼 수 있습니다.

텔레비전도

해외직구가 되나요?

　해외직구 경험이 없는 분들도 해외 온라인 쇼핑몰에서 텔레비전을 구매한다는 이야기를 들어 보셨을 거예요. 국내 모델과 동일한 성능의 상품을 반값에 살 수 있다고 하니 해외직구에 도전해 보고 싶은 마음이 들다가도 막상하려면 걱정이 뒤따릅니다. 워낙 고가이기도 하지만, 크기가 커서 배송비도 엄청날 것 같고, 배송 도중 파손되지 않을까 우려도 됩니다. 이런저런 이유로 도전이 쉽지 않은 텔레비전 해외직구하기. 어떻게 하면 안전하고 간편하게 구매할 수 있는지 그 과정을 하나씩 살펴볼까요?

텔레비전 해외직구 구매 팁

a. 해외직구로 구매한 텔레비전을 국내에서 사용할 수 있을까?

- 월드 워런티 제도가 있어서 국내에서 구매한 상품과 동일하게 A/S를 받을 수 있어요.

- 전압은 대부분 프리 볼트로 플러그 어댑터(일명 돼지코)만 꽂으면 무리 없이 사용할 수 있어요.

- 해외직구로 구매하는 모든 텔레비전은 별도의 셋톱박스(set top box, 쌍방향 멀티미디어 통신을 위한 가정용 통신 단말기) 이용 시 방송 수신이 가능해요.

- 일반 안테나를 사용할 경우, 주파수가 달라서 방송 수신이 불가능해요.

- 로컬 변경을 하지 않은 텔레비전은 부가 기능을 온전히 사용할 수 없어요.

b. 어떤 텔레비전이 직구하기 좋을까?

- 55인치 이상의 대형 모델 : 직구족들이 주로 구매하는 모델의 화면은 대부분은 55인치 이상의 대형이에요. 그보다 작은 텔레비전들은 국내 가격과 큰 차이가 없어요.

- 기본에 충실한 기능 : 해외 판매 제품들은 국내와 달리 3D나 스마트 기능을 제거하여 가격을 낮춘 제품들이 많아요. 이런 기능이 불필요하다면 아무래도 직구로 구매하는 편이 가격 대비 만족도가 높겠죠?

c. 해외직구 시 드는 비용은 총 얼마일까?

- 배송비 : 텔레비전은 배송해 주지 않는 업체도 있고, 해 주더라도 비용이 비쌀 수 있어요. 그렇기 때문에 <u>고정 배송비 이벤트</u>를 진행하는 업체에서 배송받는 것을 추천합니다.(고정 배송비는 업체별로 상이한데, 저렴한 곳이 보통 60인치 기준으로 190달러, 65인치는 230달러, 70인치는 250달러 정도 합니다.)

- 관·부가세 : <u>관세는 과세 가격의 8퍼센트</u>, <u>부가세는 과세 가격과 관세를 더한 금액의 10퍼센트</u>입니다.

• 보험비 : 대략 상품 가격의 약 3퍼센트 정도 든다고 생각하면 돼요. 배송대행지에서 최종 배송지까지 오는 동안 사고가 날 수 있는데, 이때 대부분의 배송대행 업체가 300달러 이하의 상품까지는 무료로 전액 보상해 줍니다.

300달러 이상인 경우는 별도로 보험에 가입해야 하는데, 보험료는 대부분의 업체가 상품 가격의 3퍼센트 정도로 책정해요. 가입 시 총 금액에 대해 보상 처리를 해 주므로 별도의 보험료가 들더라도 가입하는 편이 좋아요.

• 총 비용 : 텔레비전을 직구하는 데 드는 대략적인 비용은 다음과 같습니다.

🔍 <u>예</u>

- 모델명 : L사의 60인치, Full-HD, LED 텔레비전
- 구매 : 아마존
- 배송대행 업체 : 오*이집
- 쇼핑몰 결제 금액 : (상품 금액 849달러+Free Shipping+No Tax)
- 국제 배송비 : 189달러
- 보험비 : 25.47달러
- 관·부가세 : 약 235,000원
- 예상 비용 : 약 151만 원

*환율 : 1달러=1,200원 기준

- 몰테일 post.malltail.com
- 오마이집 www.ohmyzip.com
- 가지다 www.gajida.net
- 코트리 www.kotree.com
- 요걸루 www.yogirloo.com

💻 **QR코드**

QR코드에 접속하면 각 업체에서 제공하는 텔레비전 고정 배송비 이벤트 관련 자세한 내용을 볼 수 있습니다.

미국 '아마존'에서 텔레비전 직구하기

아마존의 경우 결제도 쉽고 파손 등의 상황에서도 업무 처리가 원활해서 텔레비전과 같은 고가의 제품을 구매하기가 좋아요.

① 상품 고르고 장바구니에 담기

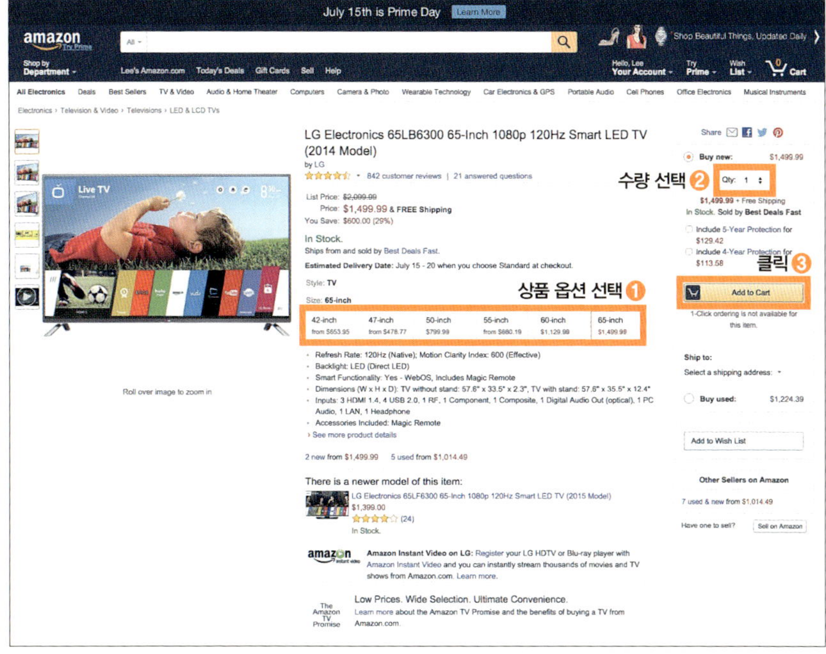

수량, 상품 옵션 등을 선택한 후 'Add to Cart'를 클릭

해 장바구니에 담아요.

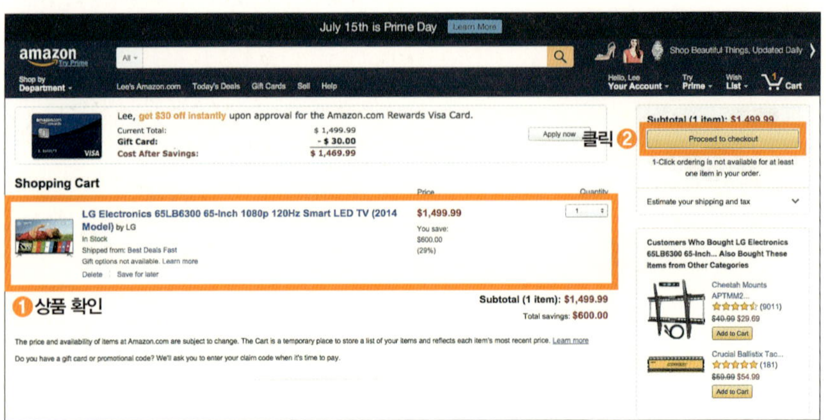

  우측 상단의 'Cart'를 클릭해서 장바구니로 가요. 장바구

니에 상품이 잘 담겼는지 확인한 후 'Proceed to checkout'

을 클릭해서 결제 단계로 넘어가요.

③ 배송지 정보 입력하기

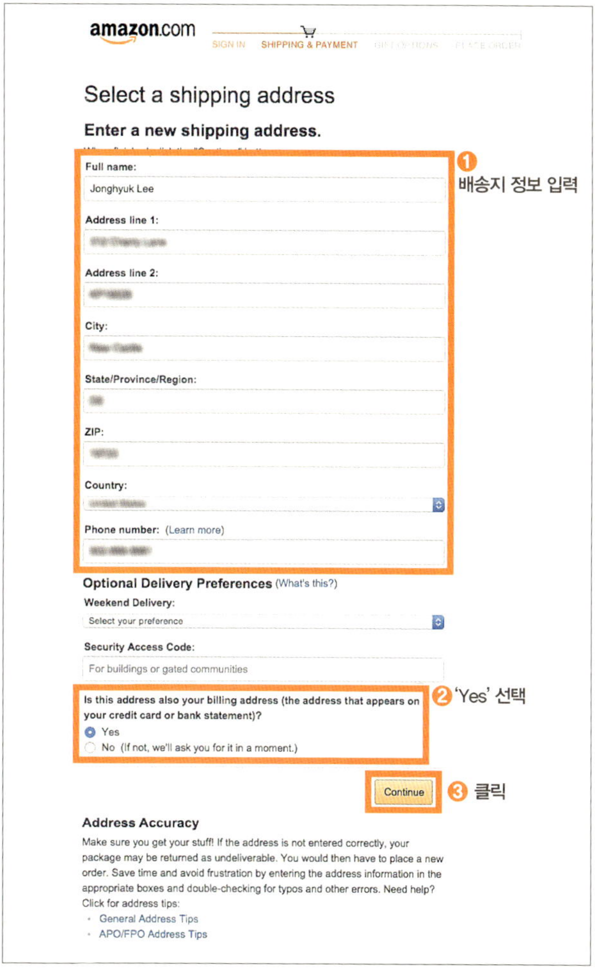

배송지 정보를 입력합니다. 모두 입력한 후 빌링 주소와 동일한 주소인지 묻는 질문에는 'Yes'를 선택하고 'Continue'를 클릭해요.

④ 배송 옵션 선택하기

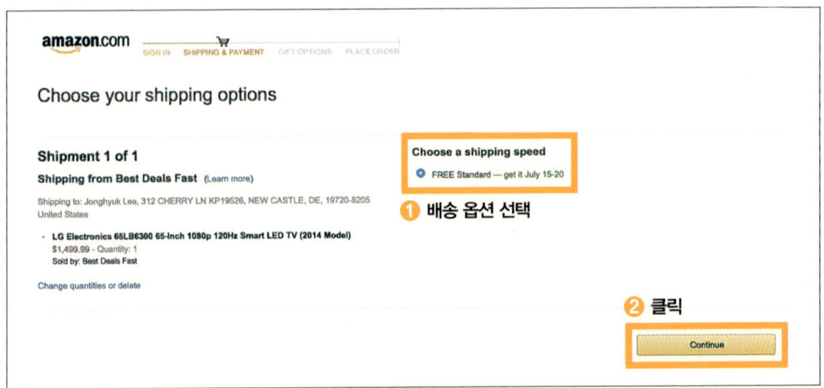

배송 옵션 선택 후 'Continue'를 클릭해요.

⑤ 카드 정보 입력하기

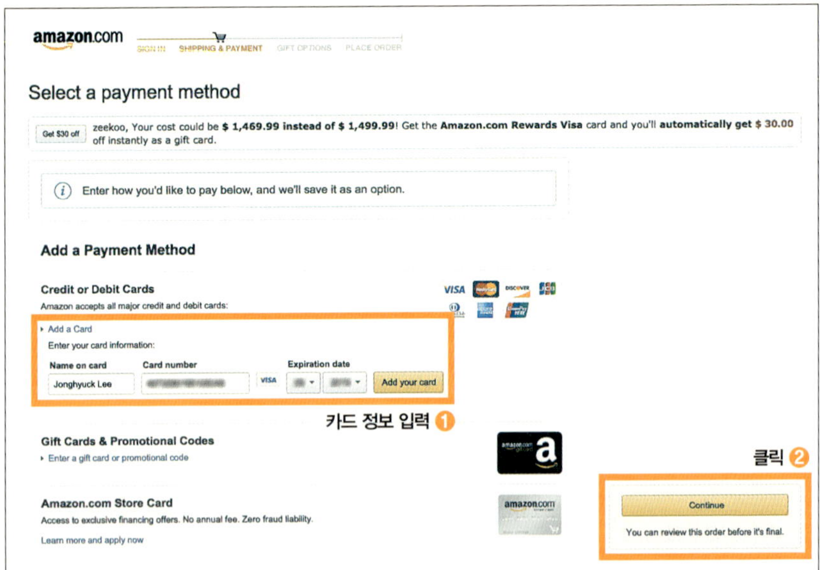

결제 시 사용할 카드 정보를 입력해요. 카드 정보 입력 후 통화 선택을 USD로 해야 이중 환전으로 인한 손해를 막을 수 있어요. 모든 입력을 마치고 'Continue'를 클릭해요.

⑥ 주문 정보 확인 후 주문

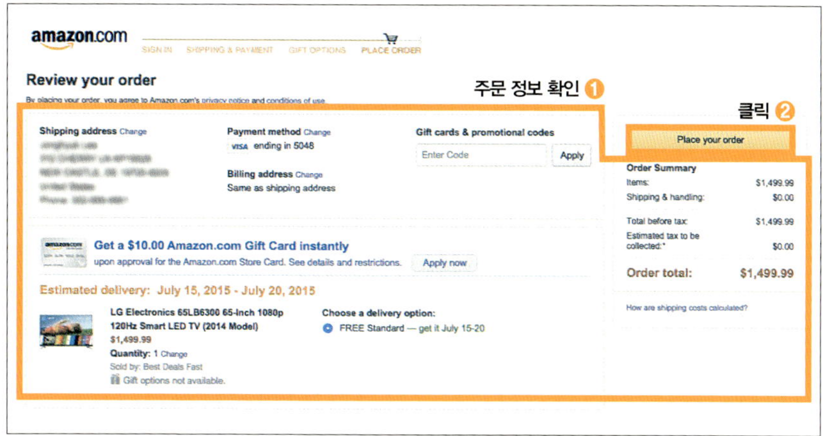

앞서 입력한 정보와 구매하려는 상품 등 모든 주문 정보를 확인한 후 'Place your order'를 클릭하면 주문이 완료돼요.

⑦ 배송대행 신청서 작성

쇼핑이 끝났으니 안전하게 한국으로 배송해야겠죠? 그러려면 가입한 배송대행 업체에 배송대행 신청서를 내야 해요. 배송대행 신청서 작성은 39페이지에 자세히 나와 있으니 앞에서 배운 내용이 잘 기억나지 않는다면 참고하세요.

해외직구 스마트 팁. 텔레비전 베스트 쇼핑몰

- 아마존 www.amazon.com
- 이베이 www.ebay.com
- 델 www.dell.com
- 바이딕 www.buydig.com
- 베스트 바이 www.bestbuy.com

현지인처럼

프라이빗 세일 쇼핑몰 이용하기

우리나라에 '티*몬스터', '*팡', '위*프'가 있는 것처럼 해외에도 소셜 쇼핑몰들이 많이 있어요. 그중에서도 유명 브랜드 상품을 모아서 잠깐(1일~1주일)동안 세일하는 쇼핑몰을 '프라이빗 세일Private Sale 쇼핑몰'이라고 해요. 이런 쇼핑몰에서 잘만 고른다면 대박 쇼핑을 할 수 있어요.

🔍 **프라이빗 세일 쇼핑몰 해외직구 포인트 : 사전 정보!**

좋은 상품이 언제 어떻게 뜰지 모르니 여러 쇼핑몰을 두루 알고 있으면 도움이 됩니다. 행사 정보는 가입 시 입력한 이메일로 발송되는 뉴스레터 등을 통해서도 알 수 있어요.

프라이빗 세일 쇼핑몰 해외직구 구매 팁

a. 로그인을 해야 상품을 볼 수 있어요

프라이빗 세일 쇼핑몰답게 로그인한 사용자에게만 상품이 보여요. 그렇기 때문에 가입은 필수예요.

b. 가입하고 뉴스레터 받기

행사 정보를 얻는 기본적인 방법은 뉴스레터 수신입니다. 뉴스레터는 가입 시 입력한 이메일 계정으로 발송됩니다.

c. 직배송 확인하기

한국 소비자가 증가함에 따라 저렴한 가격으로 직배송 서비스를 해 주는 업체들이 늘어났어요. 일부 상품의 경우, 직배송 서비스가 적용되지 않기도 하니 구매 전 잘 확인해 보는 것이 좋아요.

d. 배송 기간

배송대행지로 보내는 것이든, 한국으로 바로 보내는 직배송이든 프라이빗 세일 쇼핑몰들은 대체로 배송 기간이 긴 편에 속하므로 이용에 참고하세요.

'길트'는 프라이빗 쇼핑몰 중에서도 국내 소비자들이 가장 많이 이용하는 쇼핑몰 중 하나입니다. 유명 브랜드의 의류, 핸드백, 구두 등의 다양한 제품이 가득해서 한번 들어가면 빠져나오기가 힘들답니다. (한국어도 일부 지원됩니다.)

🔍 길트 쇼핑 관련 팁

- 일부 상품은 제외지만, 고정 배송비 9.95달러로 한국까지 직배송 해 줘요.

- 가입하면 이메일로 종종 개인 할인 코드를 보내 주기도 하니 구매 전 꼭 확인해 보세요.

- 통화를 USD로 설정해야 이중 환전 수수료가 나가는 것을 막을 수 있어요.

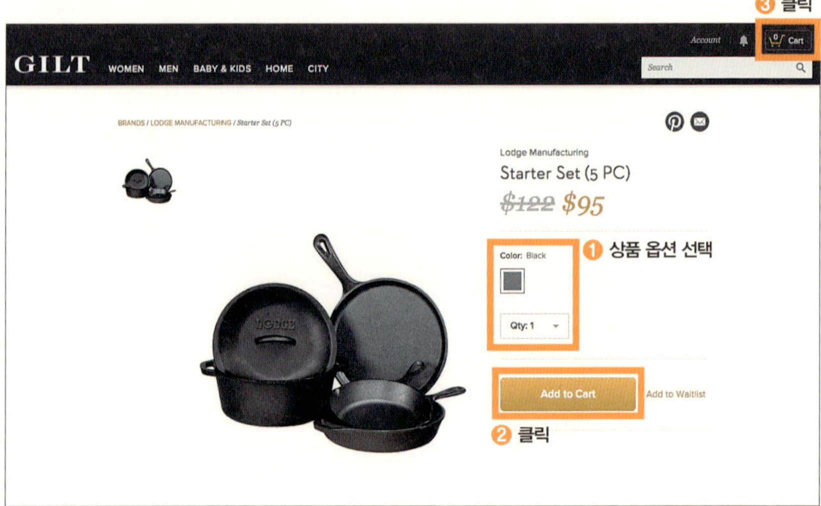

상품 페이지에서 수량 선택 후 'ADD TO CART'를 클

릭하면 장바구니에 담겨요. 구매하고자 하는 상품을 모두

골랐다면 오른쪽 상단의 'Cart'를 클릭해요.

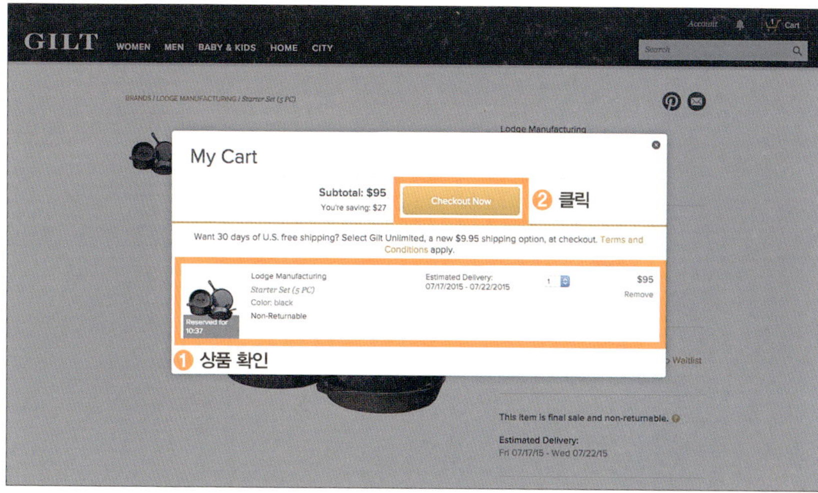

주문할 상품이 맞게 잘 담겼다면 'Checkout Now'를 클릭해서 결제 단계로 넘어가요.

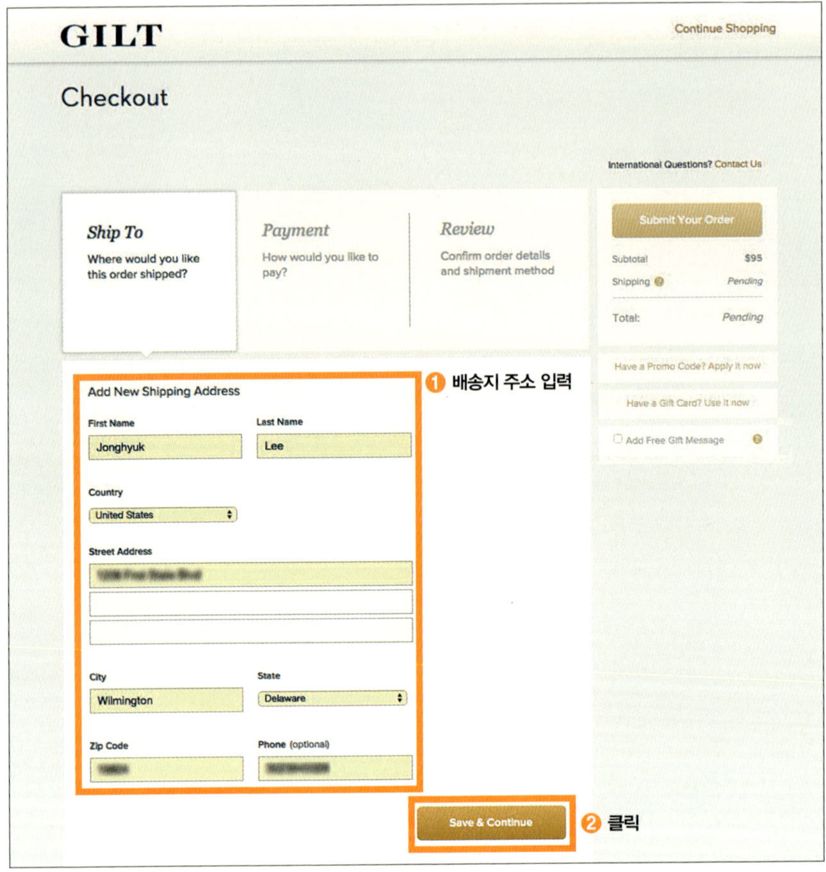

배송지 주소를 입력합니다. 입력 후 'Save&Continue'를 클릭해요.

④ 카드 정보 입력하기

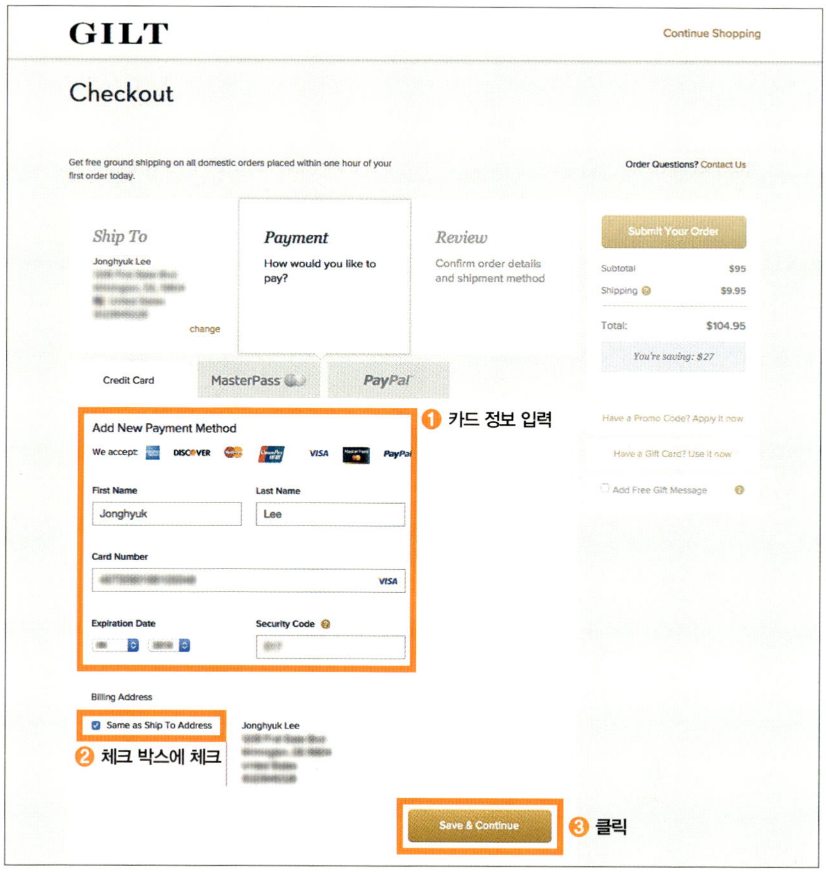

결제할 카드 정보를 입력한 후 하단의 'Same as Ship To Address'의 체크 박스에 체크합니다. 그리고 'Save&Continue'를 클릭해요.

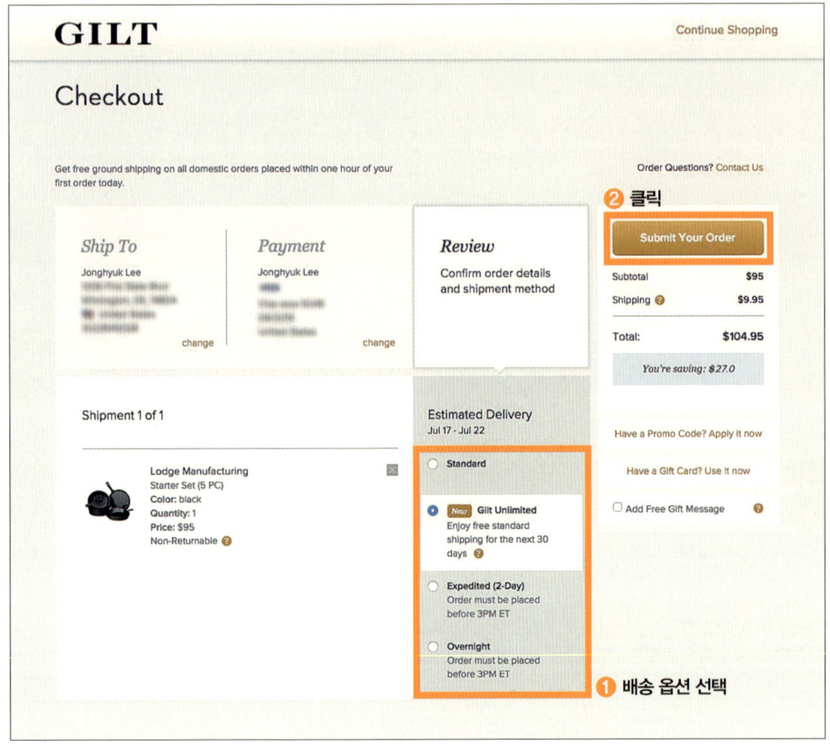

배송 옵션 선택 후 'Submit Your Order'를 클릭하면 쇼

핑 완료예요.(배송 옵션 중 'Gilt Unlimited'를 선택하면 배송비가 9.95

달러 결제되고, 30일 동안 주문을 무료 배송으로 이용할 수 있어요.)

⑥ **배송대행 신청서 작성**

쇼핑이 끝났으니 안전하게 한국으로 배송해야겠죠? 그러려면 가입한 배송대행 업체에 배송대행 신청서를 내야 해요. 배송대행 신청서 작성은 39페이지에 자세히 나와 있으니 앞에서 배운 내용이 잘 기억나지 않는다면 참고하세요.

해외직구 스마트 팁. 베스트 프라이빗 세일 쇼핑몰

- 길트 www.gilt.com
- 쥴리 www.zulily.com
- 마이해빗 www.myhabit.com
- 아이딜 www.ideel.com
- 루랄라 www.ruelala.com

📖 **QR코드**

QR코드에 접속하면 각 쇼핑몰별 자세한 이용 방법 및 더 많은 쇼핑몰을 볼 수 있습니다.

Chapter 4

쉽고, 빠르고, 안전한 해외직구 팁

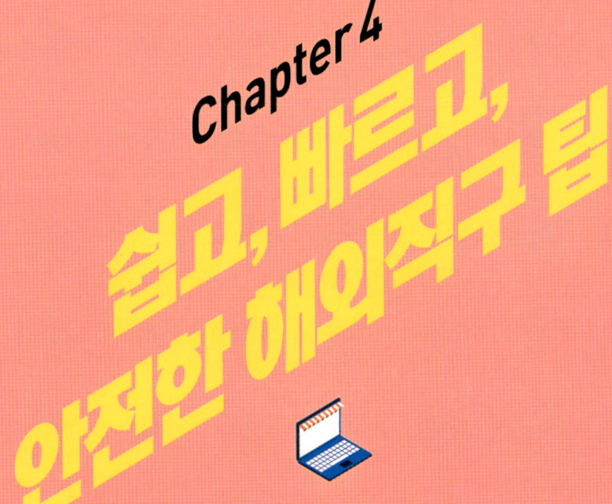

4.1 관·부가세
쉽게 정리하기

관·부가세란 우리나라로 들어오는 물품에 부과하는 세금인 '관세'와 해당 구매 금액 및 관세에 대한 10퍼센트의 '부가 가치세'를 말합니다.

- 관세 : 수입되는 물품에 부과하는 세금
- 부가세 : '총 구입 비용＋관세'에 대한 10퍼센트의 세금

면세 기준(관·부가세 부과)은 상품이나 지역별로 다르니
다음의 표를 참고하세요.

목록통관	일반통관
• **쇼핑몰 결제 금액 200달러 이하(미국 기준)** (쇼핑몰 결제 금액 = 상품 값 + 미국 내 배송비 + 미국 내 세금) • **한국 직배송의 경우(미국 기준)** 상품 값 + 한국 직배송비 ≤ 200달러 이하 (쇼핑몰 결제 금액에서 한국까지의 국제 배송비는 고려하지 않음) • **미국 외 국가의 경우** 목록통관 허용 품목의 면세 범위는 쇼핑몰 결제금액 100달러 이하일 때 (초과 시 일반통관으로 취급되어 일반통관 면세 범위를 따름)	• **해외직구 시 드는 총 비용 15만 원 이하** 해외직구 시 드는 총 비용 = 쇼핑몰 결제 금액(상품 값＋현지 배송비＋현지 세금)＋한국까지의 국제 배송비 * 환율과 국제 배송비는 관세청의 기준에 따름

다음은 목록통관과 일반통관 품목의 비교예요.

목록통관	일반통관	
의류, 신발, 가방, 가전제품 등 일반통관 품목으로 지정된 것이 아닌 대부분의 상품	식품류·과자류	비스킷·베이커리, 조제 커피·차, 조제 과실·견과류, 설탕 과자, 초콜릿 식품, 소스·혼합 조미료 등
	건강기능식품	비타민 제품, 오메가3 제품, 프로폴리스 제품, 글루코사민 제품, 엽산 제품, 로열젤리 등
	화장품(일부 품목)	기능성 화장품(미백·주름 개선 · 자외선 차단 등), 태반 화장품, 스테로이드제 함유 화장품 및 성분 미상 등 유해 화장품에 한함
	의약품·한약재	파스, 반창고, 거즈·붕대, 항생 물질 의약품, 아스피린제제, 소화제, 두통약, 해열제, 감기약, 임신 테스터기, 발모제, 인삼, 홍삼 등
	야생 동물 관련	'멸종 위기에 처한 야생 동·식물의 국제 거래에 관한 협약(CITES)'에 따라 국제 거래가 규제된 물품 예) 상아 제품, 악어 가죽 제품, 뱀피 제품 등
	농림축수산물 등 검역 대상 물품	커피(원두 등), 차, 견과류, 씨앗, 원목, 조제 분유, 고양이·개 사료, 햄류, 치즈류 등
	지식 재산권 위반 의심 물품	짝퉁 가방·신발·의류·액세서리 등
	기타 세관장 확인 대상 물품	종포·도검·화약류, 마약류 등
	기타	통관 목록 중 품명·규격·수량·가격 등이 부정확하게 기재된 물품

목록통관

목록통관이란 개인이 자가 사용을 위해 반입하는 특정 물품(목록통관 허용 품목) 중 '쇼핑몰 결제 금액'이 일정 한도 이하(면세 범위)일 때, 화물 목록만 확인하고 빠르게 통관시켜 주는 것을 말해요.

> ### 🔍 목록통관 면세 범위
>
> 쇼핑몰 결제 금액 (상품 금액 + 미국 내 배송비 + 미국 내 세금 + 한국 직배송비) ≤ 200달러

목록통관 허용 품목은 미국의 경우, 위의 기준 금액 200달러 이하까지 면세예요. 이 기준을 넘으면 일반통관 과세 기준을 적용하여 과세해요.

기준 금액을 산출할 때는 배송대행 업체에서 결제하는 국제 배송비, 혹은 한국으로 직배송하여 받을 때의 국제 배송비를 제외하고 계산해요.

미국 외 국가의 경우, 목록통관 허용 품목의 면세 범위가 쇼핑몰 결제 금액이 100달러 이하이며 초과 시에는 일반통관으로 취급되어 일반통관의 면세 범위를 따르게 됩니다.

일반통관은 목록통관 대상 품목 외 물품의 통관을 말해요. 직구 시 드는 총 비용이 15만 원 이하일 경우에 면세입니다. 일반통관의 경우 세관에 신고된 물품 및 통관 목록 서류를 직접 확인한 후 심사하기 때문에 목록통관보다 통관 시간이 더 걸립니다.

🔍 일반통관 면세 범위

$$\frac{\text{쇼핑몰 결제 금액}(\text{상품 금액} + \text{현지 배송비} + \text{현지 세금})}{\text{고시환율 적용}} + \frac{\text{한국까지의 국제 배송비}}{\text{과세 운임 적용}} \leq 15\text{만 원}$$

이때, 금액은 달러나 유로 등 현지 통화로 되어 있을 텐데 15만 원 기준을 어떻게 계산할까요? 관세청은 이 계산을 위해 매주 '고시환율'을 발표하고, 국제 배송비 산출을 위한 '과세운임'을 정해 놓았어요.

- 고시환율 : 상품 결제 시 적용된 환율이 아닌, 관세청에서 고시한 기준의 환율 (매주 금요일 관세청에서 고시)
- 과세 운임 : 관세청에서 제품의 무게별로 정해 놓은 국제 배송비. 상품 가격이 20만 원 이하인 경우는 선편 일반 소포 요금, 상품 가격이 20만 원 초과일 경우는 특급 탁송 과세 운임으로 적용.
- 해당 쇼핑몰에서 한국으로 직배송 시, 배송비가 무료인 경우에도 정해진 과세 운임을 더하여 계산해야 해요.

	일반 선편 요금		특급 탁송 화물 요금	
	상품가 20만 원 이하 시 적용		상품가 20만 원 초과 시 적용	
중량(kg)	미국, 영국, 유로존	중국, 일본	미국, 영국, 유로존	중국, 일본
1	14,600	12,200	18,900	10,500
2			29,050	14,140
3	19,600	16,000	35,700	17,150
4			57,000	26,500
5	24,500	19,600	63,000	28,500
6			69,000	30,500
7	29,400	23,300	77,000	32,500
8			81,000	35,500
9	34,400	27,100	87,000	38,500
10			93,000	41,500

〈과세 운임(관세청, 2015년 10월 기준)〉

🔍 일반통관 상품 면세 범위 쉽게 알기

상품 가격을 15만 원 기준으로 물건 중량이 10킬로그램일 때, 대략 34,400원으로 과세 운임이 계산됩니다. 관세청 고시환율이 1달러에 1,200원이라고 가정하면, 대략 96달러의 일반통관 대상 물품을 살 수 있다는 계산이 성립됩니다.

처음에는 이렇게 물건의 중량과 가격을 살피며 관세를 물지 않을 범위에서 쇼핑하는 것이 익숙하지 않기도 해요. 직구팡에서는 고시환율과 과세 운임에 맞추어 계산된 '관세 안전선 쇼핑 정보'를 매주 업데이트하여 제공하고 있습니다.

📱 QR코드
관세 안전선 쇼핑 정보

면세 기준이 넘은 경우

앞서 언급한 기준을 넘어서는 구매를 했다면 관·부가세를 내야 합니다.

- 목록통관 상품 구매 시(미국의 경우에 한함) 과세 대상 :

상품 금액 + 미국 내 배송비 + 미국 내 세금 > 200달러

- 일반통관 상품 구매 시 과세 대상 :

쇼핑몰 결제 금액(상품 금액+현지 배송비+현지 세금) **+ 한국까지의 국제 배송비 > 15만 원**

목록통관 품목 + 일반통관 품목이 섞인 경우

목록통관 품목 안에 일반통관 품목이 포함된 경우 목록통관이 불가능해요. 예를 들어 목록통관 대상인 의류, 신발, 가방을 일반통관 대상인 비타민과 함께 구입할 경우 이 통관 건은 비타민 때문에 일반통관으로 진행돼요.

이때, 미국 목록통관 기준으로 200달러에 딱 맞춰 구매했다면 일반통관 면세 기준을 넘기기 때문에 관·부가세가 부과됩니다.

서로 다른 배송 건이 겹쳤을 경우(합산 과세)

합산 과세란 같은 날 2건 이상의 통관 건이 통관될 경우, 서로 합하여 과세하는 것을 말해요. 이런 경우 예상치 못한 세금을 낼 수도 있으니 통관일이 겹치지 않도록 미리 조정해야 합니다.

우리나라에 없는
할인 코드 제도

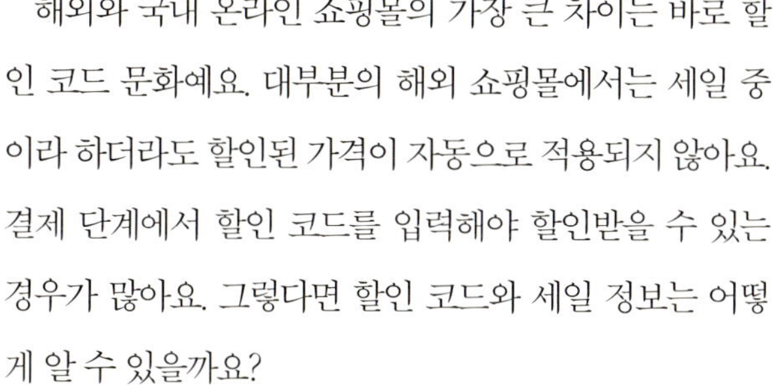

해외와 국내 온라인 쇼핑몰의 가장 큰 차이는 바로 할인 코드 문화예요. 대부분의 해외 쇼핑몰에서는 세일 중이라 하더라도 할인된 가격이 자동으로 적용되지 않아요. 결제 단계에서 할인 코드를 입력해야 할인받을 수 있는 경우가 많아요. 그렇다면 할인 코드와 세일 정보는 어떻게 알 수 있을까요?

쇼핑몰 뉴스 레터 구독하기

쇼핑몰에 회원 가입을 하거나 뉴스 레터 구독 신청을 하면 쇼핑몰의 새로운 소식이나 세일 정보를 이메일로 보내줘요. 이메일에는 행사 내용, 기간뿐 아니라 함께 사용할 수 있는 할인 코드도 같이 제공됩니다.

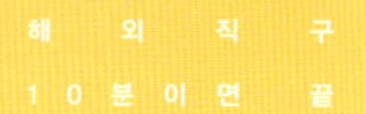

해외 딜 사이트

미국 사이트 중에는 쇼핑몰별로 할인 코드만 따로 모아 제공하는 곳도 있어요. 이런 사이트들은 현재 진행 중인 행사를 한눈에 볼 수 있어서 좋아요. 무엇보다 딜 사이트 자체에서 진행하는 할인 코드가 있어서 숨어 있는 할인을 찾는 재미가 쏠쏠해요. 대표적인 딜 사이트는 다음과 같습니다.

- 리테일미낫 http://www.retailmenot.com
- 딜씨 http://dealsea.com
- 딜스플러스 http://www.dealsplus.com

국내에서 제공하는 해외 쇼핑몰 핫딜 서비스

해외직구 이용자가 증가함에 따라 해외 온라인 쇼핑몰 할인 정보를 제공하는 블로그, 앱, 커뮤니티 등이 늘어나고 있어요. 앱 혹은 포털 사이트 검색창에서 '해외직구 핫딜', '해외직구 할인 코드', 해외 쇼핑몰 이름 등으로 검색하면 다양한 정보를 얻을 수 있습니다.

- 직구팡

다양한 해외 핫딜 중에서도 국내 이용자들의 입맛에 맞는 쇼핑 정보를 제공합니다. 해외직구가 처음인 초보자 가이드부터 유용하게 쓰이는 팁에 이르기까지 다양한 정보로 가득합니다.

QR코드

QR코드에 접속하면 직구팡에서 제공하는 서비스 모음을 볼 수 있습니다.

미국 공휴일·기념일로 보는 세일 기간

　해외직구 시 정가 그대로 구매해도 국내보다 저렴한 경우가 많지만, 기간만 잘 노리면 훨씬 더 저렴하게 구매할 수 있어요. 그렇다면 언제가 세일 폭이 가장 클까요? 국내에 특정 세일 기간이 있는 것처럼 해외도 마찬가지입니다.

　미국의 경우 특정 기념일을 전후로 하여 큰 세일이 시작됩니다. 우리가 익히 들어 잘 알고 있는 '블랙 프라이데이 세일'이나 '크리스마스 세일' 외에도 여러 세일 기간이 있답니다.

미국의 월별 세일 기간 (날짜는 미국 시간 기준)

	날짜	기념일	세일명	설명
1월	1일	신년	New Year Sale	• 1월 1일을 시작으로 할인 폭이 좀 더 커짐 • 지난해의 재고를 정리하는 세일
2월	14일	밸런타인 데이	Valentine's Day Sale	• 밸런타인데이의 약 일주일 전부터 세일 시작 • 주로 밸런타인데이 선물 용품 세일
	세 번째 월요일	프레지던트 데이	President's Day Sale	• 미국 초대 대통령 조지 워싱턴을 기리는 날 • 주로 지난해 추동 상품을 대상으로 할인 • 재고는 많지 않지만 할인 폭이 상당히 큼 • 특히 가정용품 세일이 많음
3월	17일	성 패트릭 데이	St. Patrick's Day Sale	• 아일랜드에 처음 기독교를 전파한 성 패트릭의 죽음을 기리는 날 • 봄, 여름 신상 시즌이라 세일이 크지는 않음
4월	(보통) 3월 22일 ~ 4월 26일	부활절	Easter Day Sale	• 부활절(3월 21일(춘분)후의 최초 보름달 다음에 오는 첫 번째 일요일) 며칠 전부터 다양한 상품들이 세일 행사를 함 • 그 기간 중에서 굿 프라이 데이 때는 더 큰 할인 행사가 진행됨
	부활절 기간의 금요일	굿 프라이 데이	Good Friday Sale	
5월	두 번째 일요일	어머니날	Mother's Day Sale	• 미국은 어머니날과 아버지 날이 따로 있는데 보통 어머니날 일주일 전부터 행사가 시작됨 • 주로 어머니날 선물 용품, 꽃, 초콜릿, 보석, 옷 등이 행사 대상임
	마지막 일요일	메모리얼 데이	Memorial Day Sale	• 우리나라의 현충일과 비슷한 성격의 기념일 • 메모리얼 데이 일주일 전부터 행사가 시작됨 • 여름 시작 세일이라고 볼 수 있는데, 주로 가전 용품, 가정용품, 목욕 용품, 여름옷, 야외 용품 등이 세일 대상

6월	두 번째 일요일	아버지 날	Father's Day Sale	• 일주일 전부터 행사가 시작되며 주로 남성 선물 용품 세일이 많음
7월	4일	독립 기념일	Independence Day Sale ★★★	• 독립 기념일 일주일 전부터 행사가 시작되는데 여름의 가장 큰 세일로 전 품목에 걸쳐 할인이 진행됨 • 이때를 전후하여(6월 말~8월 초) 브랜드별 상반기 결산 세일Semi-Annual Sale도 진행됨
8월	중순	개학 시즌	Back to School Day Sale	• 우리나라의 신학기 시즌 행사처럼 학생들을 위한 할인 행사 • 주로 컴퓨터, 전자 기기, 학용품 세일
9월	첫 번째 월요일	노동절	Labor Day Sale	• 노동절 일주일 전부터 세일이 시작되며 여름 마감 세일로 할인 폭이 꽤 큼
10월	두 번째 월요일	콜럼버스 데이	Columbus Day Sale	• 콜럼버스가 아메리카 대륙에 도착한 1492년 10월 12일을 신대륙 발견의 날로 기리게 된 데서 비롯됨 • 콜롬버스 데이의 일주일 전부터 가을 상품 세일 및 행사가 시작되며 할인 폭이 큰 편
	31일	할로윈 데이 세일	Halloween Day Sale	• 할로윈 데이 며칠 전에 시작되며 코스튬, 할로윈 장식 등 일부 품목만 세일
11월	11일	재향 군인의 날	Veterans Day Sale	• 과거 미국이 참전했던 모든 전쟁의 재향 군인들을 기념하는 행사로 큰 세일은 없음
	마지막 목요일	추수 감사절	Thanksgiving Day Sale	• 연말 세일 돌입을 알리는 세일로 선물 용품 세일이 많음
	넷째 주	블랙 프라이 데이	Black Friday Sale ★★★	• 1년 중 가장 큰 세일을 하는 날
	블랙 프라이 데이 다음 월요일	사이버 먼데이	Cyber Monday Sale	• 블랙 프라이 데이의 온라인 버전 • '사이버 먼데이'라는 용어는 추수 감사절, 블랙 프라이 데이 이후에 온라인 쇼핑 매출을 높이기 위해 전미유통 연맹NRF에서 고안함 • 추수 감사절과 블랙 프라이데이가 지난 후 일상으로 돌아온 소비자들이 온라인 쇼핑을 즐기면서 쇼핑몰의 매출이 급등한 데서 유래함
12월	25일	크리스마스	Christmas Sale	• 추수 감사절 이후부터 시작돼서 크리스마스까지 이어짐 • 겨울 상품, 선물 상품을 주로 세일
	26일	애프터 크리스마스	After Christmas Sale	• 한 해 재고를 정리하는 형태의 연말 세일

수입 통관 불가 품목과

주의 품목

수입은 가능하지만 주의해야 할 품목

향수	• 향수는 60ml가 넘으면 면세 내 금액으로 구매했다고 하더라도 관세, 개별 소비세, 농특세, 교육세, 부가세 등이 부과돼요.
건강 보조 식품	• 건강 보조 식품 중 국내에서 불법 품목으로 지정된 상품은 통관이 되지 않습니다. • 몇 정이 들어 있는지는 중요하지 않고, 6병 이하로만 통관이 가능해요. 6병이 초과된 나머지 상품은 폐기 처분돼요. • 간혹 쇼핑몰에서 샘플이나 사은품을 보내 주는 경우가 있는데, 수량 초과 문제가 될 수 있으니 배송대행지에서 미리 폐기하는 것이 좋아요. • 쇼핑몰에서 한 병을 두 병으로 나눠서 보내 주는 경우가 있어요. 예를 들면, 한 병에 200정인 상품을 100정 두 병으로 보내는 것이죠. 이 역시 수량 초과 문제가 될 수 있으니 주의하세요.
전자 제품	• 전자 제품의 경우 대부분 1인당 같은 모델 한 대까지만 전파 인증이 면제입니다.

	· 한국과 전압이 동일한 제품인지 110V, 220V 모두 사용이 가능한 프리볼트 제품인지 확인한 후 구매하세요.
동·식물 성분이 포함된 상품	· 동·식물 성분이 포함된 상품은 검역의 대상이 될 수 있는데, 이때 수수료가 부가될 수 있습니다.

수입·통관 불가 품목

식품	식품 중 가공 농산물, 가공 육류(육포, 유제품), 동물의 일부분이 들어간 상품은 통관이 안 돼요.
의약품	의약품은 대부분이 통관되지 않는다고 보면 돼요.
반려동물 관련 상품 중 일부	반려동물 관련 상품 중에 국내에 통관되지 않는 상품들도 있어요.
국내 불법 물품	미국 쇼핑몰에서 합법적으로 판매해도 국내에서 불법인 상품은 통관이 안 돼요.
그 외	통화 상품, 무기류 및 유사 제품, 가스가 들어간 제품, 동·식물

🔍 의약품, 건강 보조 식품 통관 가능 여부 확인하기

- 식품이나 의약품의 수입 금지 여부는 구매 시 그때그때 확인하는 것이 좋아요. 과거 수입이 허가되던 상품이더라도 금지 상품으로 바뀌는 경우가 종종 있으니 대중적인 상품이 아니라면 구매 당시에 확인하는 것을 권장합니다.

- 해외 현지에서 합법적인 상품일지라도 국내에서 허가가 나지 않은 성분이 들어 있다면 유해 상품으로 분류되어 통관이 금지돼요. 실제로 유해한 경우도 있으니 반드시 확인하고 구매해야 합니다.

- 관세청에 문의할 경우 법규로만 답변을 받을 수 있기 때문에 확실한 답변을 얻기 위해서는 이용하는 배송대행 업체에 문의하는 것이 가장 좋습니다.

- '식품의약품안전처 홈페이지(www.mfds.go.kr) → 분야별정보 → 식품안전 → 식품안전정보 → 해외직구식품 유해정보 알림'을 통해서도 유해 성분으로 인해 통관이 금지된 상품을 확인할 수 있어요.

해외 신발·의류
사이즈 표

해외 사이즈 환산표는 브랜드 혹은 상품 모델마다 다를 수 있기 때문에 단순 참고용으로만 사용해야 해요. 가장 좋은 방법은 매장에 직접 가서 착용해 본 후 구매하는 것입니다. 번거롭고 실행이 어렵다면 인터넷에 구매 후기 등을 검색해 보는 것도 하나의 방법이 될 수 있습니다.

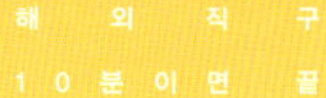

신발

성인 신발 사이즈

한국	미국(남자)	미국(여자)	영국	유럽
220	4	5	3	35.5
225	4.5	5.5	3.5	36
230	5	6	4	37
235	5.5	6.5	4.5	37.5
240	6	7	5	38
245	6.5	7.5	5.5	38.5
250	7	8	6	39
255	7.5	8.5	6.5	40
260	8	9	7	40.5
265	8.5	9.5	7.5	41
270	9	10	8	42
275	9.5	10.5	8.5	42.5
280	10	11	9	43
285	10.5	11.5	9.5	44
290	11	12	10	44.5

여자 발볼 사이즈(미국)

4A	2A(N)	B(M)	D(W)	2E
2A보다 좁음	좁음	기본 폭	넓음	D보다 넓음

남자 발볼 사이즈(미국)

2A	B(N)	D(M)	2E(W)	4E
B보다 좁음	좁음	기본 폭	넓음	2E보다 넓음

유아, 아동 신발 사이즈

	한국	미국(US)	영국(UK)	유럽(EUR)
유아용 신발 사이즈 1~7세 (Children의 C를 따서 사이즈 앞이나 뒤에 C가 붙어 있기도 함)	80	2	1.5	17
	85	2.5	2	18
	90	3	2.5	18.5
	95	3.5	3	19
	100	4	3.5	19.5
	105	4.5	4	20
	110	5	4.5	21
	115	5.5	5	21.5
	120	6	5.5	22
	125	6.5	6	22.5
	130	7	6.5	23.5
	135	7.5	7	24
	140	8	7.5	25
	145	8.5	8	25.5
	150	9	8.5	26
	155	9.5	9	26.5
	160	10	9.5	27
	165	10.5	10	27.5
	170	11	10.5	28
	175	11.5	11	28.5
	180	12	11.5	29.5
	185	12.5	12	30
	190	13	12.5	31
	195	13.5	13	31.5
아동용 신발 사이즈 8세 이상 (Youth의 Y를 따서 사이즈 앞이나 뒤에 Y가 붙어 있기도 함) ＊Big Kids로 분류하기도 함	200	1	13.5	32
	205	1.5	1	33
	210	2	1.5	33.5
	215	2.5	2	34
	220	3	2.5	35.5
	225	3.5	3	36
	230	4	3.5	37
	235	4.5	4	37.5
	240	5	4.5	38
	245	5.5	5	38.5

의류

여성 의류 사이즈

한국		미국(US)		영국(UK)	유럽(EUR)
44	85	XS	0	4	32
			2	6	34
55	90	S	4	8	36
			6	10	38
66	95	M	8	12	40
			10	14	42
77	100	L	12	16	44
			14	18	46

* PETITE : 작은 체구 여성의 사이즈. 기성복과는 달리 기장이 짧고 품이 좁은 사이즈
* PLUS : 체격 있는 여성의 사이즈. 전체적으로 여유 있는 사이즈

남성 의류 사이즈

한국	미국(US)	영국(UK)	유럽(EUR)
95	S	1	46
100	M	2	48
105	L	3	50
110	XL	4	52

유아, 아동 의류 사이즈

나이	키(cm)	미국 사이즈
~3개월	~58	3M
~6개월	~66	6M
~9개월	~71	9M
~12개월	~76	12M
~18개월	~81	18M
~24개월	~89	24M
신체에 따라	~92	2T (2Y)
	~99	3T (3Y)
	~106	4T (4Y)
	~113	5
	~121	6
	~128	7
	~135	8

* 위 표는 갭, 폴로, 카터스, H&M 등의 브랜드 사이즈 표를 참고하여 만든 것입니다. 브랜드와 상품 모델에 따라 실제 사이즈에는 차이가 날 수 있으므로 본 표는 참고용으로만 사용하시길 바랍니다.

* M, mos = 개월 수 / T, Y = 나이 / X = wide

(예 : 8x는 8보다 품만 더 넓은 사이즈)

쇼핑몰 신뢰도
확인하기

해외직구의 불안 요소를 꼽으라면 대부분 '쇼핑몰의 신뢰도'를 이야기합니다. 카드 결제까지 다 마친 쇼핑몰이 상품 배송 전에 사라진다든지, 가격이 저렴하여 기쁜 마음으로 구매했는데 소위 말하는 짝퉁이 배송되어 오는 경우를 보면 해외직구가 두려워집니다.

여기서 가장 좋은 해결 방법은 검증된 쇼핑몰에서 구매하는 거예요. 이용자가 많은 쇼핑몰의 경우 구매 후기도 많고 보다 안전하지요.

처음 보는 쇼핑몰의 엄청난 딜을 보고, 구매를 고민하는 분들을 위해 좋은 팁을 드릴게요. 쇼핑몰의 신뢰도를 확인하는 '스캠어드바이저'라는 사이트입니다. 검색창에 구매하려는 쇼핑몰의 URL을 입력하면 쇼핑몰에 대한 자세한 정보와 함께 신뢰도가 나와요.

스캠어드바이저 사이트(http://www.scamadviser.com)

해외직구 결제 과정
문제 해결 팁

카드 결제 오류

쇼핑몰에서 결제까지 무사히 마치고 결제 승인 문자와 주문 확인 이메일을 받고 해외직구에 성공했다고 생각하던 차 다음과 같은 돌발 상황이 발생하는 경우가 종종 있어요. 각각의 상황과 이유에 대해 자세히 알아볼까요?

상황 1. 주문을 다 마쳤는데 며칠 뒤 알 수 없는 금액으로 결제 승인 문자가 여러 건 온 경우

- 실제 사례 : "갭 쇼핑몰에서 100달러를 결제한 후 며칠 뒤 60달러가 결제되었다는 문자가 왔어요. 그로부터 며칠 뒤 27달러, 13달러가 결제되었다는 문자를 받았어요."
- 이유 : 카드 결제 승인 후 배송 시간, 물류 창고 등의 문제로 상품을 나눠서 재승인하는 경우예요. A 물류 센

터에 있는 상품 따로, B 물류 센터에 있는 상품 따로 결제해서 발송하는 것이지요.(이때, 처음의 결제 금액은 청구되지 않습니다.)

상황 2. 주문을 마쳤는데 며칠 뒤 결제 승인 문자가 다시 온 경우

- 실제 사례 : "폴로 쇼핑몰에서 120달러를 결제했는데, 며칠 뒤 120달러가 또 결제되었다는 문자를 받았어요."
- 이유 : 카드 결제 승인 후 배송 시 재승인을 하는 경우예요. 몇몇 쇼핑몰에서는 주문 시 결제에 사용한 카드가 정상적으로 결제가 가능한지 확인하기 위해 결제 승인 요청을 한 후에 배송을 시작할 때 다시 결제를 해요. 이때도 처음의 결제 금액은 청구되지 않습니다.

상황 3. 주문은 실패했는데 결제 승인 문자가 온 경우

- 실제 사례 : "나인웨스트 쇼핑몰에서 주문한 후 카드 결제 승인 문자를 받았는데 주문 내역을 확인해 보니 해당 내용이 없어요. 결제 취소 문자는 오지 않았고요"
- 이유 : 카드 결제 승인 후 재고 문제나 빌링 주소 문제 등으로 주문을 취소하는 경우예요. 해외 쇼핑몰에서는 주문을 취소하더라도 결제 승인을 취소하지 않고, 전표 미매입 상태로 두어서 종종 이런 일이 생깁니다. 이런 경우 카드 거래 과정에 있어서 승인은 되었지만,

매입하지 않았기 때문에 실제 결제일에는 비용이 청
구되지 않아요.

해외직구 시 체크카드 사용

해외 쇼핑몰은 주문을 취소하더라도 결제 승인을 취소
하지 않고, 전표 미매입 상태로 두기 때문에 체크카드로
결제할 경우 불편을 겪을 수 있어요. 결제 승인 후 승인
취소를 하지 않으면 해당 금액이 다시 입금되는 데 시간
이 걸리거든요. 이런 경우 해결 방법은 크게 두 가지예요.

- 기다리기 : 처리되는데 대개 한 달 정도 소요됩니다.
- 주문 취소 증명하기 : 몇몇 카드사의 경우 주문 취소 내
  역을 증명할 수 있는 서류(주문 취소 메일 등)를 증빙하
  면 홀딩 해제를 해 줘요.

해외직구 시 체크카드를 이용해도 무방하지만, 앞서 말
한 상황이 발생해 불편을 겪을 수 있으니 이용에 참고하
세요.

해외직구 고수들만 아는 팁

결제 관련

캐쉬백

캐쉬백 사이트를 통해 해외 쇼핑몰 이용 시 구매 금액의 1~5퍼센트 정도를 돌려받을 수 있어요. 대표적인 캐쉬백 사이트로는 이베이츠 코리아(http://www.ebates.kr)가 있어요.

통관 조회하는 방법

관세청(http://www.customs.go.kr)이나 관세청 전자통관 시스템(http://portal.customs.go.kr)에 접속해 '수입 화물 진행 정보' 코너에서 송장 번호를 입력해 확인할 수 있어요. 통관이 늦어지는 이유가 궁금할 때, 합산 과세 위험으로 배송대행지에 대기 중인 상품이 있을 때 유용하게 쓰여요.

페이팔Paypal

페이팔은 이베이eBay의 자회사로 결제 서비스를 제공하는 회사예요. 사용할 신용카드를 등록해 두면 인터넷 쇼핑몰 결제 시 신용카드 정보를 입력할 필요 없이 페이팔 계정과 비밀번호만으로 간단하고 안전하게 결제할 수 있어요. 국내의 '카카오페이', '시럽페이'와 같은 서비스라고 생각하면 돼요.

QR코드

QR코드에 접속하면 페이팔 가입 및 이용 방법에 대한 자세한 내용을 볼 수 있습니다.

다양한 번역 도구

해외직구를 가로막는 장벽, 바로 '외국어 울렁증'이 아닐까 싶습니다. 처음 보는 영어 단어는 무슨 뜻인지도 모르겠고, 독일어와 이탈리아어는 살면서 처음 봤고, 이럴 때 참으로 답답해집니다. 하지만 걱정 마세요! 해외 쇼핑몰을 한국어로 볼 수 있는 방법이 있습니다.

- **PC에서 '익스플로러' 사용 시**

익스플로러에서 마이크로소프트 번역 서비스(labs.micro-softtranslator.com/bookmarklet)를 이용하면 보다 편리하게 쇼핑할 수 있습니다.

- **PC에서 크롬 사용 시**

크롬은 해외직구에 날개를 달아 주는 브라우저예요. 프로그램은 크롬 공식 홈페이지(www.google.com/chrome)에서 내려받아 설치할 수 있어요. 크롬에는 번역 기능이 들어 있을 뿐 아니라 해외 쇼핑몰 접속 시 오류도 적어요.

- **스마트폰에서 크롬 사용 시**

안드로이드는 '구글 플레이 스토어'에서, 아이폰은 '앱 스토어'에서 크롬을 내려받아 설치하고 사용하면 돼요.

📖 QR코드

QR코드에 접속하면 다양한 번역 도구 이용 방법에 대한 자세한 내용을 볼 수 있습니다.

신용카드에 해외 주소 등록해서 사용하기

대부분의 해외 쇼핑몰이 별도의 인증 없이 카드 번호만

으로 결제가 가능해요. 그렇기 때문에 주문 시 대개 빌링 주소의 기입란에 배송지 주소를 넣지요. 그런데 일부 쇼핑몰 중에는 신용카드의 실제 빌링 주소와 기입한 빌링 주소의 일치 여부를 확인하기도 해요.

이런 경우 실제 한국 빌링 주소를 기입하면 결제가 되지만, 한국 빌링 주소를 적을 수 없거나 빌링 주소가 자국이 아닐 시 결제가 되지 않고 주문이 취소되기도 해요.

해외직구의 인기가 높아짐에 따라 이런 경우를 해결하기 위해 실제 한국의 빌링 주소 이외에 해외 주소를 등록할 수 있는 서비스를 제공하는 카드 회사들이 늘어나고 있어요. 빌링 주소를 해외 주소로 등록해 결제에 생기는 문제를 해결하여 주는 것이죠.

💻 **QR코드**

QR코드에 접속하면 신용카드 해외 주소 등록 방법에 대한 자세한 내용을 볼 수 있습니다.

국내 온라인 쇼핑몰의 경우 주문 후 취소하고 싶을 때 취소 버튼을 눌러 쉽게 취소할 수 있지만, 대부분의 해외 쇼핑몰에는 이런 기능이 없습니다. 주문 수정이나 취소 등은 기본적으로 이메일을 통해 해결하거나 라이브 채팅, 전화로 해야 합니다.

이때도 특별한 영작 실력은 필요하지 않아요. 주문 번호와 영어 단어 몇 가지만 알면 쉽게 해결돼요. 아래는 몇 가지 상황에 따른 예문이에요.

전체 취소를 요청할 경우

고객 서비스 센터 담당자 분께,
→ Dear customer Service,

제 이름은 [종혁]이며, 주문 번호는 [#028-9297479-0896316]입니다.
→ My Name is [Jonghyuck], and my order number is [#028-9297479-0896316].

제가 했던 주문을 취소해야겠습니다.
→ I want to cancel my order.

취소 절차가 끝나면 제게 알려 주세요. 감사합니다.

→ Let me know when the cancellation is completed. Thank you.

부분 취소를 요청할 경우

고객 서비스 센터 담당자 분께,

→ Dear customer Service,

제 이름은 [종혁]이고, 주문 번호는 [#028-9297479-0896316] 입니다.

→ My Name is [Jonghyuck], and my order Number is [#0289297479-0896316]

몇 가지 상품을 이 주문에서 취소해야겠습니다.

다음은 제가 취소하고 싶은 상품의 목록입니다.

[- Fleece Full-Zip Hoodie, 4T, Pacific Royal

- STRIPED COTTON POLO SHIRT, 4T, Tiller Green]

→ I want to cancel some items of my order.

The cancellation request items are as follows.

[동일]

위 상품을 제외한 상품들은 구매하고 싶습니다. 만약 부분 취소가 불가능하다면 제게 알려 주세요. 감사합니다.

→ I still want to buy what I ordered except above items. Let
me know If the partial cancellation is impossible. Thank you.

불량품, 파손 상품 등 배송 상품에 이상이 있어 환불을 요청할 경우

고객 서비스 센터 담당자 분께,

→ Dear customer Service,

제 이름은 [종혁]이고, 주문 번호는 [#028-9297479-
0896316] 입니다.

→ My Name is [Jonghyuck], and my order Number is [#02
8-9297479-0896316]

제품을 받아 확인해 보니 [불량 제품이 왔어요].

→ I received the parcel, but unfortunately there were [some
things wrong with items]*.

[상황에 따라]

- 제가 주문한 상품이 아니에요. → It was not I ordered.

- 상품이 파손되어왔어요. → The item is damaged.

- 상품 일부가 없어요. → Missing parts or accessories.

-정상적으로 작동하지 않아요. → It is not working properly.

사진을 첨부합니다. 사진에서도 확인할 수 있듯이 불량
이 눈에 확 띄어요.

→ As I attach some pictures of these, you can tell what is
wrong with these items.

불량품에 대해 환불을 요청합니다.

→ So I want to full refund and return these items.

어떻게 해야 하는지 알려 주세요. 감사합니다.

→ Tell me about return & refund process. Thank you.

빌링 주소를 다시 보낼 경우

고객 서비스 센터 담당자 분께,

→ Dear customer Service,

사이트 입력 창에 미국 주소만 적을 수 있었기 때문에
한국 빌링 주소를 적을 수 없었습니다.

→ My billing address could not be submitted because the
address input form is only for U.S. addresses.

제 빌링 주소는 다음과 같습니다.

[빌링 주소 기입]

→ My actual billing address is:

[빌링 주소 기입]

위 빌링 주소로 주문이 가능한지 알려 주세요. 감사합
니다.

→ Please let me know how the transaction could be comple
ted with the billing address above. Thank you.

주문 번호(오더 넘버)를 잊어버린 경우

고객 서비스 센터 담당자 분께,

→ Dear customer Service,

주문 번호를 잊어버렸어요. 제가 결제한 카드 뒤의 4자
리로 확인이 가능할까요?

[My email account: ***@***.com

Name: Jonghyuck Lee

Credit Card: **** **** **** 7010 (VISA)

Billing Address: 14***, Oregon]

→ I lost my order no., so could you check with the last 4 dig its of the credit card that I used?

[위와 동일]

　만약 위 정보로 제 주문 번호를 찾을 수 없다면 제 주문 번호를 찾을 수 있는 방법을 알려 주시기 바랍니다. 감사합니다.

→ If it is not possible to find my order No. with the information above then let me know how to find my order No. Thank you.

트래킹 번호를 요청할 경우

고객 서비스 센터 담당자 분께,

→ Dear customer Service,

주문 번호 [#123-4567]입니다.

→ My order no.: #123-4567

배송이 시작되었다면 트래킹 번호를 알려 주세요. 감사합니다.

→ Could you tell me the tracking number for this order, if you shipped the package? Thank you.

해외직구,
10분이면 끝

초판 1쇄 인쇄 2015년 11월 3일
초판 1쇄 발행 2015년 11월 10일

지은이 직구팡 편집부 · 이종혁

펴낸이 박세현
펴낸곳 팬덤북스

기획위원 김정대 · 김종선 · 김옥림
편집 김종훈 · 이선희
디자인 강진영
영업 전창열

주소 (우)121-250 서울시 마포구 성산동 275-60번지 교홍빌딩 305호
전화 070-8821-4312 | **팩스** 02-6008-4318
이메일 fandombooks@naver.com
블로그 http://blog.naver.com/fandombooks

등록번호 제25100-2010-154호

ISBN 979-11-86404-30-0 13320